edition theophanie

Manfred Ehmer

Heilige Bäume

Baumkulte im Alten Europa

Heilige Bäume © Manfred Ehmer
1. Auflage 2016, 2. Auflage 2019
Umschlagbild: Die „Dicke Marie", Autorenfoto

Verlag und Druck: tredition GmbH,
Halenreie 40-44, 22359 Hamburg
Erschienen in der Buchreihe *edition theophanie*

ISBN: 978-3-7469-0046-9 (Paperback)
ISBN: 978-3-7469-0047-6 (Hardcover)
ISBN: 978-3-7469-0048-3 (e-Book)

Bibliografische Information der Deutschen Nationalbibliothek: Die Deutsche Nationalbibliothek verzeichnet diese Publikation in der Deutschen Nationalbibliografie; detaillierte bibliografische Daten sind im Internet über http://dnb.d-nb.de abrufbar.

Besuchen Sie den Autor auf seiner Homepage:
www.manfred-ehmer.net

Inhaltsverzeichnis

Grau, teurer Freund, ist alle Theorie,
Und grün des Lebens goldner Baum.
J. W. Goethe, Faust I

Eine Esche weiß ich, sie heißt Yggdrasil,
Die hohe, benetzt mit hellem Naß:
Von dort kommt der Tau, der in Täler fällt;
Immergrün steht sie am Urdbrunnen.
Aus dem Völuspa-Lied

Wenn man sich mit den alten Religionen beschäftigt, begegnet man fast ausnahmslos Kulturen, in deren Mittelpunkt als heilig betrachtete Bäume stehen; vor allem der kosmische Baum ist Gegenstand der Verehrung. Er ist der zentrale Pfeiler, die Achse, auf die das Universum, das Natürliche und das Übernatürliche, das Materielle und das Metaphysische hingeordnet sind. In den allgemein bekannten Mythologien kann man noch heute eine sehr archaische Tiefenschicht entdecken, in der die Bäume die bedeutendsten Kommunikationsmittel zwischen den drei Welten, den unterirdischen Abgründen, der Erdoberfläche und dem Himmel, darstellen; in ihnen kamen auch Manifestationen der Anwesenheit von Göttern auf besonders deutliche Weise zum Ausdruck. *Jacques Brosse, Mythologie der Bäume (1990)*

Die Welt der Baumgeister

Ich sage Euch, 's ist alles heilig jetzt,
Und wer im Blühen einen Baum verletzt,
Der schneidet ein wie in ein Mutterherz.
Und wer sich eine Blume pflückt zum Scherz
Und sie dann von sich schleudert sorgenlos,
Der reißt ein Kind von seiner Mutter Schoß,
Und wer dem Vogel jetzt die Freiheit raubt,
Der sündiget an eines Sängers Haupt,
Und wer im Frühling bitter ist und hart,
Vergeht sich wider dem, der sichtbar ward.
Jean Paul (1763–1825)[1]

Der Mythos vom Großen Wald

Riesige Urwälder bedeckten in vorgeschichtlicher Zeit die Länder Mitteleuropas – ein wild wuchernder Wald-Ozean, der die alleinige Erlebniswelt der damals lebenden Menschen darstellte. Urwälder von solchem Ausmaß kann man sich heute kaum noch vorstellen, und die Tiere, die dort lebten, gelten heutzutage in unseren Breitengraden als ausgestorben: Elche gab es da, Rentiere und Auerochsen; ja selbst das scheue Einhorn mochte in den verborgenen Waldestiefen der Urzeit-Welt noch gelebt haben, das heute als Fabelwesen gilt. Aber in diesen Riesen-Wäldern der Urzeit konnten Mythos und Wirklichkeit traumwelthaft ineinander verschwimmen; nicht nur Einhörner, sondern auch Baumgeister, Blumenelfen und Seelenwesen aller Art bevölkerten den Zauberwald der Urzeit.

Europa war am Beginn seiner Geschichte ein einziger großer Urwald. Der *Herzynische Wald*, im heutigen Mitteldeutschland, erstreckte sich von den Gebieten östlich des Rheinufers bis in endlose Weiten; Reisende waren zwei Monate lang hindurchgezogen, ohne sein Ende zu erreichen. In Italien haben Ausgrabungen alter Pfahldörfer in der Po-Ebene gezeigt, dass lange vor der Gründung Roms Norditalien mit dichten Ulmen-, Kastanien- und besonders Eichenwäldern bestanden war. Bei den antiken Schriftstellern finden sich noch Hinweise auf jene italischen Wälder, die heute verschwunden sind. Noch im 4. Jahrhundert vor unserer Zeitrechnung lag zwischen Rom und Mittel-Etrurien der gefürchtete *Ciminische Wald*, den Livius mit den Wäldern Germaniens vergleicht. In Griechenland finden sich noch Tannen-, Eichen- und andere Wälder, Überreste jenes Urwaldes, der ursprünglich einmal die griechische Halbinsel von Meer zu Meer überspannt haben muss. In England sind die Wälder von Kent, Surrey und Sussex die Reste des großen Waldes von *Anderida*, der einst den ganzen Südosten der Insel lückenlos ausfüllte. Noch unter der Regierung Heinrichs II. jagten die Londoner Bürger wilde Bullen und Eber in den Wäldern von Hampstedt, und ein Eichhörnchen konnte, von Baum zu Baum hüpfend, ganz Warwickshire durchqueren.

Aus dieser Zeit, da der *Große Wald* sich über ganz Europa erstreckte, von Italien bis nach Skandinavien, von England über Mitteldeutschland bis nach Griechenland, stammt die Verehrung von heiligen Bäumen. Die Bäume des Großen Waldes konnten in der Vorstellung der damals lebenden Menschen nicht nur denken, sondern auch sprechen, sich vorwärts bewegen, von einem Ort zum anderen gehen und mit gewaltigen Baumhänden Gegenstände ergreifen. Alles in allem glichen sie, ihrer Erscheinung und ihrem Verhalten nach, den Menschen. Ganz menschenähnlich erschien auch ihr Empfinden; denn sie konnten trauern und lachen, Freude und Stolz, Gram und Unbill empfinden. Nichts Menschliches war ihnen fremd; ja als verwandelte Menschen, als Götter, Geister, Nymphen oder götterähnliche Wesen konnten sie oft Baumes- und Menschengestalt beliebig miteinander vertauschen. Bäume sehen ohnehin den Menschen recht ähnlich, denn sie haben eine ähnlich aufrechte Gestalt; und in der Art ihres Wuchses, in der Farbe der Rinde und des Blattkleides, im Rauschen des Astwerkes und in der charakteristischen Art ihrer sturmgetriebenen Bewegungen scheint sich menschliche Individualität zu verkörpern.

Ob wir nun die majestätische robuste Eiche nehmen oder die weit ausladende Buche, die mütterlich beschützende Linde oder die mädchenhaft schlanke Birke, jede von ihnen stellt doch etwas unverkennbar Menschliches dar. Aber wenn der Große Wald als Ganzes denkt, spricht und handelt, so bedeutet dies mehr als die Summe der einzelnen Bäume, die in ihm leben; denn der Urzeit-Wald bildet eine Art kollektiven Organismus und somit selbst ein geistbeseeltes Wesen. Die menschlichen Besiedlungen, die in späterer Zeit entstanden, sahen zunächst wohl aus wie kleine versprengte Inseln in einem großen Wald-Ozean, während heutzutage der einstige Urwald nur noch in Form von Inseln besteht, die inmitten eines endlosen Ozeans der Zivilisation hilflos um Überleben ringen.

Aber im kollektiven Unbewussten der Menschen lebt der Mythos vom Großen Wald auch heute noch

fort, als Zauberwald der Urzeit, der in zahlreichen Mythen vor allem West-, Mittel- und Nordeuropas vorkommt. Der Große Wald konnte sich metamorphosen-
reich verwandeln – mal in eine Schar kämpfender Krieger, mal in ein Auditorium andächtiger Zuhörer; er
blieb aber immer ein lebendiges Ganzes, das wie eine
menschliche Person auftreten und handeln konnte. Im
verwandelten Zustand konnte der Wald auch Beweg-
lichkeit erlangen; er blieb nicht länger festgewurzelt im
Boden an einen bestimmten Ort gebunden, sondern
konnte nach Belieben seinen Standort wechseln, indem
die Bäume sich plötzlich verwandelten in eine Phalanx
menschenähnlicher Wanderer, die – wenn auch nur
schwerfällig – sich vorwärtsbewegten; ihr Astwerk verwandelte sich dabei in ein Gewirr hundertfältiger Arme
und die Blätter in unzählige Hände und Finger.

Einige Beispiele für solch ein gemeinschaftliches
Handeln von Bäumen, dem Sagenschatz altgriechischer
und keltischer Mythologie entnommen, mögen hier angeführt werden, wobei der Bildgedanke der Ver-
menschlichung des Waldes deutlich in den Vorder-
grund tritt. Das erste Beispiel: Antike Sagen berichten
uns von dem aus Thrakien stammenden Sänger und
Leierspieler *Orpheus*, dessen überirdische Musik nicht
nur die Toten zu rühren vermochte, sondern auch die
Geister der Bäume anzog. Ein ganzer Wald näherte sich
ihm, stellte sich als lauschendes Auditorium um ihn herum auf, als er auf einem an sich kahlen Hügel sitzend
begann, die Leier zu schlagen. Die göttliche Musik des
Orpheus schlug die Bäume so sehr in ihren Bann, dass
der ursprünglich schattenlose Hügel am Ende ein dicht
bewaldeter war. Und wo immer der göttliche Sänger

Orpheus hinzog, der Wald folgte ihm in andächtig lauschender Eintracht nach, aber auch das Getier des Waldes, die Vögel in der Luft und selbst das starre Gestein. Unter den Tieren befanden sich auch der Löwe, der Hirsch und der Auerochse.

Eine hellenistische Mosaikdarstellung, die sich heute im Museum von Palermo befindet, zeigt Orpheus leierspielend inmitten der Tiere des Waldes sitzen. In den Dichterworten des Ovid (Publius Ovidius Naso, 43 v. Chr. bis 18 n. Chr.) liest sich das hier frei nacherzählte Geschehen folgendermaßen:

> Dort erhob sich ein Hügel, worauf sich ebenes Brachfeld breitete, schön umgrünt vom fröhlichen Wuchs des Grases.
>
> Schatten nur fehlte dem Ort. Als hier nun sich setzte der hohe Göttersohn und Prophet und Getön entlockte den Saiten, kam der Schatten dem Ort.
>
> Nicht fehlte der chaonische Wipfel, nicht Heliadengehölz, nicht hoch belaubete Eichen, nicht die weichliche Lind' und Buch' und daphnischer Lorber;
>
> Brechliches Haselgesträuch, und des Lanzeners Freundin, die Esche; auch unknotige Tann' und Steineich' hängend mit Eicheln;
>
> Auch die Platane der Freud', und der vielfarbige Ahorn; flußanwohnende Weiden zugleich und der durstige Lotos;
>
> Auch stets grünender Buchs und schmächtige Sumpftamariske; mit vielfarbigen Beeren die Myrt', und mit blauen der Tinus.
>
> Du auch kamst mit geschlungenem Fuß, aufran-

kender Efeu; Du, weinlaubige Reb', und gehüllt
in Reben, o Ulme; Esche des Bergs und Kiefer
und, voll rotglühenden Obstes, Arbutus;
Du auch, o Palme, des saueren Siegers Beloh-
nung;
Du auch, das Haar aufbindend, o Pinie, struppi-
ger Scheitel; und, der du grad' aufsteigst in Ke-
gelgestalt, o Cupressus.
Solcherlei Waldungen zog der Gesang her; und
in des Waldes stummer Versammlung saß, und
im Schwarm der Geflügelten, der Sänger.[2]

Ein anderes Motiv des beweglichen Waldes, freilich
weniger friedlich-idyllisch, begegnet uns in der *Schlacht
der Bäume*. Dieses Motiv, in der abendländischen Literatur und Dichtung weit verbreitet, geht auf keltische Ursprünge zurück; es steht auch mit dem geheimen magischen Baum-Alphabet der Kelten Britanniens in Verbindung. Der Große Wald als Kriegerschar – bald erscheint er als der angreifende Wald in Shakespeare's
Macbeth, bald als der Zauberwald Fangorn in J. R. R.
Tolkiens monumentalem Erzählwerk *Der Herr der Ringe*:
ein uralter, durch die Zeiten träumender Wald, der –
angeführt von riesenhaften Baumnymphen, den Ents –
unter dem Druck der Ereignisse plötzlich erwacht, sich
verlebendigt, sich in einen Heerzug kämpfender Bäume
verwandelt, um die Festung des arglistigen Zauberers
Saruman niederzuringen.

Gegen Saruman, der sich selbst schon als Baumfrevler und Baummörder betätigt hat, indem er zahllose
Bäume durch skrupelloses Abholzen hat hinmorden lassen, setzt sich der kämpfende Wald in Bewegung: „Die
Ents schritten mit großer Schnelligkeit voran. Pippin

schaute nach hinten. Die Zahl der Ents war gewachsen – oder was geschah? Wo die düsteren kahlen Hänge, die sie überquert hatten, liegen sollten, glaubte er jetzt Baumgruppen zu sehen. Aber sie bewegten sich! Konnte es sein, dass die Bäume von Fangorn erwacht waren und der Wald sich erhob und über die Berge in den Krieg zog? Er rieb sich die Augen und fragte sich, ob Müdigkeit und Schatten ihn genarrt hatten; aber die großen grauen Gestalten gingen stetig vorwärts. Es war ein Geräusch wie Wind in vielen Zweigen."[3] Nochmals ein Beweis dafür, dass die Figuren in Tolkiens Roman nicht bloß seiner eigenen Phantasie entstammen, sondern als archetypische Wesenheiten der keltisch-germanischen Mythologie überzeitlich in den Tiefen unserer kollektiven Erinnerung ruhen.

Der keltische Urmythos vom Kampf der Bäume findet seinen Niederschlag in den ältesten Zeugnissen der keltisch-irisch-walisischen Literatur. So etwa in der irischen Erzählung vom *Tod des Cuchulainn*, in der drei furchterregende Frauen, die Töchter von Callatin, „das Trugbild einer Schlacht zwischen zwei Heeren prachtvoller, dichtbelaubter, sich bewegender Eichen"[4] herauf beschwören; so auch in dem Bericht über die berühmte *Schlacht von Mag Tured*, wo es heißt: „Wir wollen die Bäume, die Sträucher und die Erdschollen verzaubern, so dass sie wie ein bewaffnetes Heer aussehen, die Feinde in Furcht und Schrecken versetzen und sie in die Flucht schlagen."[5]

Am einprägsamsten finden wir das Bild des kämpfenden Waldes jedoch dargestellt in einem frühen walisischen Gedicht namens *Cad Caddeu* („Die Schlacht der Bäume"), das dem legendären Poeten Taliesin zugeschrieben wird und aus einer mittelalterlichen Chronik des 13. Jahrhunderts – dem *Red Book of Hergest* – von Lady Charlotte Guest 1848 übersetzt und ihrer Sammlung walisischer Geschichten *Die vier Zweige des Mabinogion* zugefügt wurde. Im Cad Caddeu wird in dunkler geheimnisvoller Sprache berichtet, wie der Magier Gwyddyon die Bewohner Britanniens vor einer Niederlage schützt, indem er sie in Bäume und Sträucher verwandelt und sie in dieser Gestalt ihre Feinde besiegen lässt. Der Wortlaut des Gedichtes soll hier, in der verbesserten Übersetzung von Robert von Ranke-Graves, in voller Länge zitiert werden:

Die Erlen in der ersten Reihe
Begannen mit dem Gemetzel,
Weide und Eberesche
Traten verspätet in die Schlachtreihe.

Die Steineiche, dunkelgrün,
Hielt entschlossen stand;
Sie ist bewaffnet mit vielen Speerspitzen,
Die verwunden die Hand.

Unter den stampfenden Füßen der
schnellen Eiche
Dröhnten Himmel und Erde;
‚Mannhafter Wächter der Pforte'
Heißt ihr Name in vielen Sprachen.

Groß war der Stechginster in der Schlacht
Und der Efeu in seiner Blüte.
Der Haselstrauch war Schiedsrichter
In dieser verzauberten Zeit.

Ungeschlacht und wild war die Tanne,

Grausam der Eschenbaum –
Weicht keinen Fußbeit zur Seite,
Direkt aufs Herz zielt er.

Die Birke, obwohl sehr edel,
Bewaffnete sich erst spät:
Ein Zeichen nicht von Feigheit,
Sondern von hohem Stand.

Das Heidekraut spendete Trost
Dem von Mühen erschöpften Volk,
Die ausdauernden Pappeln
Brachen oft in der Schlacht.

Etliche wurden verworfen,
Auf dem Feld der Schlacht
Wegen der Lücken, die ihnen schlug
Des Feindes große Macht.

Sehr zornig war der Weinstock,
Dessen Helfer die Ulmen sind,
Ich preise sie vorzüglich
Den Herrschern der Reiche.

Starke Häuptlinge sind der Schwarzdorn,
Mit seiner üblen Frucht,
Der unbeliebte Weißdorn
Mit ähnlichem Gewand.

Das rasch verfolgende Schilf,
Der Besenginster mit seiner Brut
Und der Stechginster benahm sich wüst,
Bis er gezähmt ward.

Die Gaben verschenkende Eibe
Stand finster am Rande der Schlacht,

Und der Hollunder, der langsam brennt,
Inmitten sengender Feuer.

Und der gesegnete Wildapfel,
Lachend vor Stolz,
Aus dem Gorchen des Maldrew
Neben der Felswand.

Im Verborgenen blühen
Liguster und Geißblatt,
Unerfahren im Kampfe;
Und die ritterliche Kiefer.[6]

Der Urmythos vom kämpfenden Wald hat übrigens auch Eingang in die Fantasy-Literatur gefunden, ein Beweis nochmals für die Zeitlosigkeit dieses Motivs. Der Fantasy-Roman *Madru oder der Große Wald* (1984) von Michael Hetmann, eine Art modernes Märchen, schildert unter anderem auch eine Baumschlacht gegen einen habgierigen König und dessen Helfershelfer, Jäger und Holzfäller; das Schlachtgeschehen wurde dem ursprünglichen keltischen Sagenstoff ziemlich genau nachempfunden.

Der Große Wald tritt also entweder als lauschender Wald auf, wie in Ovids *Metamorphosen*, oder als kämpfender Wald, wie im keltisch-walisischen *Cad Coddeu* – in beiden Fällen aber als lebendige Wesenheit, die wie eine Einzelpersönlichkeit handelt, obgleich doch aus vielen einzelnen Bäumen zusammengesetzt. Der Große Wald ist gleichsam eine Kollektivseele, im Gegensatz zum Menschen, der sich ja im langen Verlauf seiner Evolution ein denkendes Ich-Bewusstsein erworben hat, das für ihn Größe und Verhängnis zugleich bedeutet: Größe, weil es ihn über alle anderen Lebensformen die-

ses Planeten Erde hinaushebt – Verhängnis, insofern als
es ihn zuweilen isoliert, ihn abschneidet vom Lebenszu-
sammenhang des Ganzen.

Der innere Seelenbaum des Menschen

Das zutiefst Ursymbolhafte des Baumes kann nur derjenige erfassen, der intuitiv zu einer unmittelbar lebendigen Erfahrung des Baumes gelangen kann, der gleichsam das Wesenhafte des Baumes in sich aufzunehmen
vermag. Nicht mit dem Verstandesdenken soll der
Baum analysiert werden, sondern wir sollen vielmehr
durch eine Vertiefung unserer Sensibilität dahin gelangen, dass uns sozusagen die Baumeswesenheit als ein
lebendiges Du gegenübertritt. Wie eine solche Ich-Du-
Beziehung zu einem Baum vonstatten gehen kann, wie
sie zu einer Verwandlung und zu einer neuen Einheit
hinführen kann, das hat Martin Buber (1878–1965), der
Philosoph des dialogischen Prinzips, einmal so dargestellt:

„Mit all deiner gerichteten Kraft empfange den
Baum, ergib dich ihm. Bis du seine Rinde wie deine
Haut fühlst und das Abspringen eines Zweiges vom
Stamm wie das Streben in deinen Muskeln; bis deine
Füße wie Wurzeln haften und tasten und dein Scheitel
sich wölbt wie eine lichtschwere Krone; bis du in den
blauen Zapfen deine Kinder erkennst; ja wahrlich, bis
du verwandelt bist. Aber auch in der Verwandlung ist
deine Richtung bei dir, und durch sie erfährst du den
Baum, dass du in ihm zur Einheit gelangst. (.....) Schon
ist er aus der Erde des Raumes in die Erde der Seele gepflanzt, schon redet er seine Heimlichkeit an dein Herz
hin, schon gewahrst du das Mysterium des Wirklichen.

War er nicht ein Baum unter Bäumen? Aber jetzt ist er der Baum des ewigen Lebens geworden."[7]

Der Baum, diese gewaltigste aller Pflanzen auf diesem Planeten Erde, scheint als Ursymbol tief im kollektiven Unbewussten des Menschen zu gründen. Zumal der Lebensbaum tritt in fast allen Kulturen als Symbol kosmischer Einheit und Ganzheit auf. „Wenn man sich mit den alten Religionen beschäftigt", schreibt Jacques Brosse, „begegnet man fast ausnahmslos Kulturen, in deren Mittelpunkt als heilig erachtete Bäume stehen; vor allem der kosmische Baum ist Gegenstand der Verehrung. Er ist der zentrale Pfeiler, die Achse, auf die das Universum, das Natürliche und das Übernatürliche, das Materielle und das Metaphysische hingeordnet ist. In den allgemein bekannten Mythologien kann man noch heute eine sehr archaische Tiefenschicht entdecken, in der die Bäume die bedeutendsten Kommunikationsmittel zwischen den drei Welten, den unterirdischen Abgründen, der Erdoberfläche und dem Himmel, darstellen; in ihnen kamen auch Manifestationen der Anwesenheit von Göttern auf besonders deutliche Weise zum Ausdruck."[8]

Der Lebensbaum ist nicht nur ein Symbol der All-Einheit, sondern auch ein menschliches Ganzheitssymbol. Gleicht der Baum nicht ganz und gar dem Menschen, schon in seiner aufrechten Gestalt? Die Entsprechungen sind offenbar: Das Wurzelwerk des Baumes versinnbildlicht unser Verwurzeltsein im Urgrund des Unbewussten. Das Unbewusste ist der „Boden", das uns Bergende; der „Grund", in dem wir einwurzeln. Der Stamm des Baumes, senkrecht aufragend, entspricht dem Ich. Senkrecht, wie ein großes I, steht das

Ich auf dem Boden des Unbewussten. Die Baumkrone schließlich mit all ihrem Ast- und Laubwerk symbolisiert den Kopfbereich des Menschen, sein Haupt als Sitz des Denkens. Sie stellt gleichsam die „Krönung" des Menschen dar. Der Lebensbaum als kosmischer All-Baum, als Urbild des Universums, spiegelt sich wider als innerer Seelenbaum des Menschen.

Viel spricht man heutzutage vom „Baumsterben", vom Zugrundegehen der Wälder. Man muss sich fragen, ob nicht etwas ganz Enscheidendes, Wesenhaftes in der Seele des Menschen abgestorben sein muss, damit es zu dem großen Baumsterben unserer Zeit überhaupt kommen konnte. Die Autoabgase, die Wolken sauren Regens, die chemischen Giftstoffe, die den Wald zerstören, stellen ja nur die äußerlich sichtbaren Ursachen des Waldsterbens dar. Die eigentliche Ursache des Problems scheint indes tiefer zu liegen, nämlich darin, dass ganz offensichtlich der innere Seelenbaum des Menschen eingegangen, verdorrt, abgestorben ist; wie kann er da noch einen Sinn entwickeln für den äußeren Naturbaum?

Der moderne Mensch hat das Bewusstsein von der Ganzheit allen Seins verloren; er steht nicht mehr im Kräftestrom des Lebensbaumes. Daher gleicht das Eingreifen des Menschen in den Naturhaushalt nicht mehr einem vernünftigem Wirtschaften mit den Ressourcen der Natur, sondern eher einem Vernichtungsfeldzug gegen alles Lebendige; fast sieht es so aus, als wolle der Mensch seine evolutionären Geschwister – Tiere und Pflanzen – ausrotten, um allein übrig zu bleiben auf der Erde. Gegenwärtig sind rund 250.000 Pflanzenarten und mehr als 1000 Arten und Unterarten von Säugetieren,

Kriechtieren, Vögeln und Fischen unmittelbar vom Aussterben bedroht, und bis in kurzer Zeit werden wahrscheinlich 15 bis 20 Prozent aller lebenden Arten ausgestorben sein.

Besonders betroffen sind dabei vor allem die Wälder. In den sogenannten Entwicklungsländern, im Amazonas-Becken oder an den Hängen des Himalaya, werden die tropischen Regenwälder abgeholzt, und zwar in einem geradezu atemberaubenden Tempo. Nach Angaben von Aurelio Peccei, Mitbegründer des *Club of Rome*, werden jede Minute 50 Hektar Wald abgeholzt – das entspricht einem jährlichen Gebietsverlust von der Fläche Belgiens, Hollands und Dänemarks zusammengenommen[9]. Bei dieser Geschwindigkeit der Waldzerstörung würde es die tropischen Regenwälder, dieses große Atmungsorgan der Mutter Erde, in etwa 40 Jahren nicht mehr geben.

Das Empfinden für die Heiligkeit der Natur, den ursprungsnahen Naturvölkern noch ganz selbstverständlich, besitzt der moderne Zivilisationsmensch nicht mehr. Die Beschäftigung mit heiligen Bäumen, mit Baumkulten im Alten Europa, dem Land unserer Vorfahren, ist daher kein müßiger Zeitvertreib, der bloß aus intellektueller Neugier erfolgt. Denn der Mensch als das Wesen der Mitte soll – wie sein Artverwandter, der Baum – Himmel und Erde in sich vereinen, soll Mittler sein zwischen Natur und Geist, und somit die Einheit allen Seins in sich beschließen. Aus einer Geisteshaltung echter Kosmosverbundenheit heraus, echter „religio" im Sinne von Rückbindung an das Ganze, kann der Mensch sich allen Naturwesen liebend zuwenden: Pflanzen, Tieren und Bäumen gleichermaßen. Er würde sodann wieder ein neues Empfinden entwickeln für die höhere Weihe der Natur, die ihr als geistgewirkter Organismus zukommt.

Die Welt der Baumnymphen

Wenn wir die Baumkulte und Waldmythen im Alten Europa betrachten, dann nicht allein aus historischem Interesse, sondern aus unmittelbarer Betroffenheit. Da gab es die heiligen Haine des Zeus und der Artemis, die weissagenden Eichen von Dodona; die Donarseiche der Germanen und den Eichen- und Mistelkult der keltischen Druiden; da gab es Verwandlungsmythen, in denen der Mensch zum Baum wird, wie etwa an vielen Stellen der Ovidischen *Metamorphosen*. Nymphen und Dryaden, Seelenwesen und Baumgeister aller Art, wohnten in den Großen Wäldern, und zwar in streng abgeschirmten Bezirken, wo niemand ihre Ruhe stören durfte. Jahrtausendealte Mythologien und Kulte, die sich um Jahreslauf und Sonnenbahn, um Saat und Ernte drehten, erforderten die Anrufung von Fruchtbarkeitsgöttinnen bei Flursegen und Erntefeiern. Aber das Studium der Mythologie beruht, wie Robert von Ranke-Graves ausdrücklich betont, „unmittelbar auf der Baum-Lehre und auf Beobachtungen des Lebens auf den Feldern im Kreislauf der Jahreszeiten."[10]

Die Begegnung mit einem Baum kann wahrhaft zum Mysterien-Ereignis werden, sofern sich im Zuge dieser Begegnung dem Betrachtenden die Wesensmitte des Baumes erschließt. Wenn ich die reine Gegenwart des Baumes erlebe, ohne dies Erleben in Begrifflichkeiten zu zwängen, dann erspüre ich etwas Wesenhaftes, im Baum und in mir selbst, und dieses Wesenhafte erlebe ich als das Verbindende. Und in solchen Momenten der Verbundenheit, wo nur noch das Wesenhafte anwest und sonst nichts, da gibt es keine Trennmauer mehr zwischen Subjekt und Objekt, Innen und Außen, Mensch und Baum: da gibt es nur noch Gegenwärtigkeit und Mitte – in Zeit und Ewigkeit.

In den alteuropäischen Baum-Mythologien gibt es keine festen Grenzlinien zwischen Mensch, Baum und Gott – auch nicht zwischen Welt, Jenseitswelt und Überwelt. Das Wesenhafte des Baumes, sofern es in echter Begegnung erlebt wurde, konnte sich in ganz verschiedener Gestalt offenbaren – als Gott, als Mensch, oder als eines jener rätselhaften Zwischenwesen, die weder zu den Göttern noch zu den Menschen gehören, sondern als schemengleiche Gestalten die Naturwelt bevölkern. Wenn wir die zahlreichen Mythen und Sagen betrachten, die sich um heilige Bäume ranken, dann kann die betreffende Baum-Wesenheit als Baumgott, als baumgewordener Mensch oder als ein im Baum verkörperter Nymph auftreten.

Im antiken Griechenland hießen die Baumnymphen der Eichen, die – da dem Hauptgott Zeus geweiht – als besonders geheiligt galten, *Dryaden*, hergeleitet vom griech. *drys*, die Eiche. Dabei wurde angenommen, dass der Nymph mit dem von ihm bewohnten Baum auch stirbt, weshalb von Nymphen bewohnte Bäume als heilig und unantastbar galten. Es gab wohl auch solche Eichennymphen, die frei von Baum zu Baum ziehen konnten, aber jene, die an ihren Baum derart gebunden waren, dass sie mit ihm zusammen starben, hießen *Hamadryaden*. Hinweise auf den in der antiken Welt weit verbreiteten Nymphenglauben finden sich schon bei

Homer, dem – neben Hesiod – bedeutendsten Dichter der Griechen. In dem Homerischen *Hymnus an Aphrodite* fragt Anchises die ihm erscheinende Göttin: „Bist du eine der Nymphen, die hausen in lieblichen Hainen…?" Denn leicht konnten diese halbgöttlichen Wesen von einem unkundigen Sterblichen mit den Göttern verwechselt werden. Und noch an späterer Stelle erzählt uns der Hymnus von Nymphen,

> die allhier das große, geweihte Gebirge bevölkern, und die nicht zu den Menschen und nicht zu den Göttern gehören.
> Lange leben sie hier, genießen himmlische Speise, und sie schwingen sich oft in schönen Reigen mit Göttern.
> Den Silenen jedoch und dem trefflichen Späher Hermeias schenken sie ihre Gunst im Grunde lieblicher Grotten.
> Mit den Nymphen zugleich auf menschennährender Erde sind die Fichten entstanden, die hohen Wipfel der Eichen.
> Herrlich in ihrem Grün auf ragenden Gipfeln der Berge stehen sie stolz und hoch, und die Bezirke der Götter nennt man sie, und so darf kein Eisen der Menschen sie fällen.
> Aber naht auch ihnen einmal das Schicksal des Todes,
> dann im Boden verdorren zuerst die herrlichen Bäume, ihre Rinde vertrocknet, die Zweige fallen hernieder,
> und es scheiden zugleich vom Licht die Seelen der Nymphen.[11]

„Bezirke der Götter" wurden die Eichenhaine also genannt, und „kein Eisen der Menschen" durfte sie fällen! Bei dem von Nymphen bewohnten, geweihten Gebirge, das der Hymnus erwähnt, handelt es sich um das Ida-Gebirge, einen Gebirgszug in Kleinasien etwa 40 km südöstlich von Troja, nicht zu verwechseln mit dem gleichnamigen Gebirge auf Kreta. Das religiös begründete Verbot des Bäumefällens galt bei den Griechen nicht allgemein, ja es muss gefragt werden, ob es tatsächlich außerhalb der geweihten Bezirke irgendwo ernsthaft eingehalten wurde. Nur die Bäume in den Götterhainen waren geschützt; außerdem kennen wir das Verbot, Ölbäume zu fällen.

Nymphen konnten jederzeit Baumesgestalt annehmen: Als die Nymphe Daphne von Apollo bedrängt wurde, verwandelte sie sich flugs in einen Lorbeerbaum; der Lorbeer galt seither als ein dem Apollo geweihter Baum. Ja, die Bäume des Waldes erschienen den antiken Völkern überhaupt nur als verwandelte Nymphen, und es gab ganze Scharen von Waldnymphen, die den verschiedenen Baumarten zugeordnet wurden. Die Dryaden und Hamadryaden wohnten in den Eichen, die *Karyatiden* in den Walnussbäumen; die *Meliai* galten als die beseelenden Geister der Eschen, die *Meliaden* als die Wesenheiten der Apfelbäume, und die *Heliaden* wohnten in den Pappeln. So war der Wald eine geheiligte, von Nymphen bewohnte Zauberwelt.

Ein baumgewordener Mensch stellt allerdings, anders als solche Baumnymphen, das Ergebnis einer magischen Transformation dar. Die europäische Mythologie kennt unzählige solcher Verwandlungsgeschichten. Denken wir nur an *Dryope*, die sich in einen Lotosbaum verwandelte; oder denken wir an den Jüngling *Cypa-rissus*, der – da er versehentlich einen geweihten Hirsch getötet – in die Gestalt einer Zypresse gebannt wurde, auch sie ein dem Gott Apollon geheiligter Baum. Ein anderes Beispiel einer Mensch-Baum-Metamorphose enthält die aus Griechenland und Kleinasien stammende, im Altertum weit verbreitete Geschichte von *Philemon und Baucis*:

In Phrygien, einer alten Kulturlandschaft Kleinasiens, lebte einstmals ein vom Alter gebeugtes Paar namens Philemon und Baucis. Zeus und Hermes, Götter des Olymp, beide in Menschengestalt verwandelt, bereisten die Landschaft, wurden aber von den dort lebenden Menschen nur wenig gastfreundlich aufgenommen; allein Philemon und Baucis gewährten ihnen Obdach, ja sie bewirteten sie aufs vortrefflichste. Aus Dank für die Gastfreundschaft wurde ihnen Unsterblichkeit geschenkt, denn am Ende ihres Lebens verwandelten sie sich in Bäume: Philemon in eine Eiche und Baucis in eine Linde. Und plötzlich „sieht Laub aus ihrem Philemon Baucis sprießen, und seine Baucis sieht unbelaubt noch der etwas ältere Philemon. Als noch über dem Antlitz der beiden eine Baumkrone wuchs, wechselten sie noch Worte miteinander, solange es möglich war. Zugleich sagten sie: ‚Lebe wohl, mein Alles!', und zugleich verschloß beider Mund die Rinde. Bis auf den heutigen Tag zeigen die Phryger dort, nahe nebeneinander, die Bäume, die aus zwei menschlichen Körpern entstanden."[12]

Die Mensch-Baum-Metamorphose darf man sich wohl weniger als einen äußerlichen Verwandlungsvorgang denken, sondern in erster Linie als einen mysti-

schen Vorgang: ein bewusstseinsmäßiges Einswerden
mit der Wesenheit des Baumes. Denn es gibt Begegnun-
gen mit dem Wesenhaften, in denen es nur reine Gegenwärtigkeit gibt. Der Baum war ehedem noch mein
Gegenüber; aber sobald ich mich mit der Wesensmitte
des Baumes vereine, gilt: Ich und der Baum sind eins,
wir sind zur Einheit zusammengeschmolzen.

Es gibt im Universum der antiken Mythologie nicht
nur baumgewordene Menschen, sondern auch baumgewordene Götter, beziehungsweise gottgewordene
Bäume. Die Baumgötter, zweifellos die ältesten der
Menschheit überhaupt, gründen in der Vorstellungswelt der alt- und mittelsteinzeitlichen Jäger- und Samm-
ler-Clans. Als diese nahrungssuchend die quartärzeitli-
chen Urwälder Mitteleuropas durchstreiften, erschien
ihnen der Baumgott als der Herr des Großen Waldes
und damit auch als Herr über das Jagdwild, das es zu
erbeuten galt. Sie dachten sich den Gott wohl noch unmittelbar im Baum wohnend; später wurde der Baum
nur zum Symbol und Stellvertreter der Gottheit, die selber in numinoser Transzendenz verweilte und den Bli-
cken der Sterblichen auf immer entzogen blieb.

Die Verehrung des vorderasiatischen Gottes *Attis*,
dessen Kult sich mit den Kybele-Mysterien über die
ganze römisch-antike Welt verbreitete, beinhaltete auch
einen Baumkult. Attis galt als der Sohn der Großen
Muttergottheit Kybele, eine der zahlreichen Erschei-
nungsformen der Erdmuttergöttin. Ein Mythos aus urfernen Zeiten erzählt folgende sonderbare Begebenheit:
Als der Göttervater Zeus die schlafende Kybele verge-
waltigen wollte, da wehrte sich diese, und der Same des
Zeus drang nutzlos in die Erde. An jener Stelle aber, wo

der Same ins Erdreich eindrang, erwuchs ein gewaltiges Ungeheuer namens Agdistis, erfüllt von rasender Zerstörungswut. Das Ungeheuer wurde gebändigt, kastriert, getötet – an der Stelle aber, wo es starb, wuchs ein wunderschöner Granatapfel- oder Mandelbaum.

In diesem Baum lebte indes ein verborgener Gott, Attis, Sohn des Agdistis und der Kybele. Als nun Nana, Tochter des Königs Sangarios, unter diesem Mandelbaum einherging, fiel ihr von dort ein Apfel in den Schoß; davon wurde sie schwanger und gebar einen wunderschönen Knaben, der fortan als Hirte in den Bergen lebte. Der Knabe aber war der nunmehr menschgewordene Attis. Kybele begehrte den Attis und nahm ihn zu sich als Liebhaber; als Attis aber eine andere Frau ehelichen wollte, schlug ihn die eifersüchtige Kybele mit Wahnsinn; von Raserei ergriffen, entmannte er sich unter einem Pinienbaum. Aus seinem in die Erde gefallenen Samen wuchsen unbeschreiblich schöne Blumen hervor. In diesen Blumen lebt Attis weiter, ein metamorphosenreicher Naturgott, der vom Baum zum Menschen und vom Menschen zur Pflanze wird; der ewig lebt und ewig durch Neugeburt aufersteht.

In Phrygien und später auch in Rom feierte man das Auferstehungsfest des Attis zur Zeit des Frühjahrsäquinoktiums, wobei die Feierlichkeiten vom 15. bis zum 27. März andauerten; es kamen geweihte Priester herbei, die als *Dendrophoren* (wörtlich: Baumträger) den Attis in Gestalt einer geschmückten Pinie herbeibrachten – und dann feierten sie mit orgiastischen Selbstgeißelungen seinen Tod, tags darauf mit ausgelassener Freude seine Auferstehung. Hieran sieht man, dass Attis als Baumgott auch die Funktion eines Jahrgottes erfüllt; er verkörpert das ewige *„Stirb und Werde!"* im Zyklus der Jahreszeiten.

Außer Göttern und Nymphen bewohnten noch andere Geistwesen den Zauberwald, die Satyrn vor allem, Waldgeister mit stumpfen Nasen, Ziegenohren und Schwänzen: boshaft, mutwillig und stets lüstern, stellen sie den arglosen Nymphen nach; auch dem Menschen spielen sie als Kobolde allerlei Streiche. Etwas Harmloses und Unschuldiges haben dennoch diese Satyrn an sich. Doch auch Weise gab es angeblich unter ihnen. War nicht der Satyr Silen einst der Lehrer und Erzieher des Rausch-Gottes Dionysos gewesen? Als besonders markante Figur unter den alten Vegetations- und Waldgöttern tritt Pan hervor, ursprünglich nur ein Hirtengott Arkadiens, später aber zum Herrn des Großen Waldes aufgestiegen: ein flötespielender Dämon der Wildnis mit Hörnern und Bocksfuß. Dieser Prototyp des „Gehörnten" diente wohl dem Christentum als unmittelbares Vorbild des „Teufels".

Baumfrevel und Waldrodungen

Die heiligen Bäume galten, da den Göttern geweiht, als unantastbar, aber sicherlich gab es zuweilen auch Übertretungen solcher Gebote. Dennoch galt der Baumfrevel in früheren Zeiten als besonders schändlich, da er als eine Übertretung nicht bloß menschlicher, sondern gottgegebener Satzungen gewertet wurde. Einige Beispiele für Baumfrevel aus der abendländischen Kulturgeschichte sollen hier einmal, wenn auch nur streiflichtartig, dargestellt werden. Das erste Beispiel: In einem heiligen Hain der Göttin Ceres – der griechischen Demeter, der Mutter Erde – befand sich einst, so berichtet uns der

Dichter Ovid, eine heilige Eiche. Einen ganzen Wald füllte sie allein aus; Dryaden tanzten unter ihr Reigen, und der Stamm maß fünfzehn Ellen:

> Eine gewaltige Eiche, der Vorzeit Riesin, erwuchs dort:
> Wald sie allein! wo Bänder umher, andenkende Täflein,
> hingen, und blumige Kränze, Beweis des erhörten Gelübdes.
> Oftmals führten darunter den festlichen Tanz die Dryaden, oftmals auch, nach der Reihe die Händ' aneinandergefüget, singen sie rund um den Baum;
> und das Maß des gediegenen Stammes füllete fünfzehn Ellen. Auch lag die übrige Waldung drunten so tief, als unter den Waldungen liegen die Kräuter.[13]

Aber der Baumfrevler Erisichthon ließ sich trotz Größe und Alter der Eiche nicht davon abhalten, „selbst der Ceres Gehölz mit gewaltsamer Axt zu verletzen" und „mit Eisen die alternden Haine zu schänden"! Als er aber die Axt anlegte zum vernichtenden Schlag, da hörte man aus der Mitte des heiligen Baumes ein Stöhnen und Wehklagen. Und schließlich, kurz bevor die gemordete Eiche fiel, sprach die Wesenheit des Baumes aus dem Inneren des Stammes, und mit sterbender Stimme prophezeite sie dem Erisichthon die unvermeidliche Strafe der Götter:

> Schnell aus der Mitte des Baumes ertönte solcherlei Stimme: Eine Nymphe bewohn' ich, geliebt von Ceres, den Stamm hier!

Dass vollgültige Strafen bevorstehn deinem Beginnen, sag' ich sterbend dir an, und Linderung
fühl' ich des Todes! Dennoch verfolgt sein Werk
der Verblendete.
Endlich erschüttert vom unzählbaren Schlag, und
herabgezogen mit Seilen, stürzte der Baum; und
es krachte die weit zerschmetterte Waldung.[14]

Deutlich vernehmbar sprach die Stimme des Nymphen aus dem Stamm des gemordeten Eichbaums; ein
Baum der Ceres-Demeter, also der Göttin Erde! Die hier
erzählte Bewandnis erinnert daran, wie einst Gilgamesch die heilige Zeder in den Wäldern des Libanon
fällte; auch daran, wie später der Mönch Bonifacius –
mit der Germanenmission betraut – die berühmte Donarseiche bei Geismar mit frevlerischer Hand nieder-
mähte (im Jahre 724). Ja, dem Beispiel des Bonifacius
wurde von den anderen christlichen Missionaren nach
Kräften nachgeeifert, und heute wissen wir, dass die
Ausbreitung des Christentums in Mitteleuropa immer
mit intensivsten Waldrodungen einherging; dadurch
wurde Neuland für Klöster, Besiedlungen und Bauern-
höfe geschaffen. Ja, fast scheint es so, als habe das frühe
Christentum römischer Machart kein anderes Ziel verfolgt als die systematische Abrodung des Großen Waldes, des von Geistern und Göttern bewohnten Zauberwaldes der Urzeit.

Bis in die Germanenzeit hinein bestand der Urwald
Mitteleuropas noch so, wie er – nur von Eiszeiten un-
terbrochen – seit der jüngeren Tertiärzeit zwischen Al-
pen und Nordsee üppig gewuchert hatte; noch römische Autoren der Zeitenwende lassen sich aus über die
undurchdringlichen Urwälder Germaniens. Allein das

Hercynische Waldgebirge, so berichtet Cäsar (100–44 v. Chr.), konnte „von einem rüstigen Fußgänger in seiner Breite in neun Tagen durchquert werden"[15], und Tacitus (55–116) beschreibt die Landschaft Deutschlands als „im ganzen doch schaurig durch ihre Wälder oder durch Sümpfe entstellt"[16]. Die eigentliche Rodungszeit, die zeitgleich mit der Einführung des Christentums zu Anfang des 6. Jahrhunderts begann, erreichte einen Höhepunkt erstmals unter den Karolingern, ebbte sodann im 10. Jahrhundert ab, um im 11. Jahrhundert völlig zum Stillstand zu kommen, nahm dann aber im 12. und 13. Jahrhundert einen bis dahin nicht gekannten Umfang an. Mit dem Ausgang des 13. Jahrhunderts war die Rodung Deutschlands so gut wie abgeschlossen.

Die treibende Kraft, die hinter diesen Wald-Rodungen stand, lässt sich leicht erkennen: „Die Führung bei der Bekämpfung der Wälder lag bei ganz anderen, stärkeren Mächten. In erster Linie wird die Erschließung von Neuland den Klöstern zugeschrieben, denn ähnlich wie in unseren Tagen die Missionare in tropischen Ländern häufig die ersten Kulturbringer sind (?), so bildeten im Mittelalter die Klöster im deutschen Urwaldgebiet die ersten Stützpunkte für dessen Besiedlung. Die Fürsten beschenkten sie mit Wildland, und zwar mit bedeutend größeren Flächen, als es zur Gründung der Klöster bedurfte, wohl wissend, dass die Mönche selbst und die von ihnen wiederum durch Landverleihung gewonnenen Helfer (in der Regel ärmere Freie) den Boden bald urbar machen würden. War er erst fruchttragender Besitz, so kam sein Ertrag ja irgendwie der Allgemeinheit wieder zugut. Besonders unter Karl dem Großen, der zahlreiche Klöster gestiftet hat, wurde dem Wald viel Boden entrissen."[17]

Karolingische Fürsten verschenkten riesige Wald-ländereien an Klöster, und im Gefolge der Mönche ka-men besitzlose Neusiedler, die sich vom gerodeten Land einen Gewinn versprachen; die Religion und der Profit verbanden sich damals schon einträchtig. Die Bekämpfung des Großen Waldes wurde von den Chris-ten mit einer nicht zu überbietenden Zähigkeit und Sys-tematik vorangetrieben. Galt bei Ovid die Baumschän-dung noch als eine gotteslästerliche Tat, so wurde nun nach dem Sieg der neuen Religion die Bekämpfung des Großen Waldes mit seinen heiligen Hainen und Donars-eichen zu einem gottgefälligen Werk. Nur Wenige, die noch der alten Religion anhingen, vermochten sich dem zu widersetzen; allein sie schwammen gegen den Strom der Zeit.

Aber sicherlich wurde das Christentum von denen, die sich in seinem Namen so schändlich betätigten, missbraucht und missdeutet. Denn das Paradies – der Garten Eden –, von dem der Schöpfungsbericht spricht, stellt ja nichts anderes dar als einen heiligen Hain, wie er wohl auch in den Hochkulturen Vorderasiens recht häufig vorkam. Und spricht nicht das heilige Buch der Christen – die Bibel – am Anfang und am Ende gleich-ermaßen von jenem universalen Heilssymbol, das ei-gentlich in allen Hochreligionen vorkommt und sich am Urphänomen des Baumes ausrichtet: dem Lebensbaum? Noch in der Apokalypse wird den Christen verheißen, dass alle Völker des Erdkreises an den Früchten des Lebensbaumes genesen werden: „Auf beiden Seiten des Stromes mitten auf der Gasse ein Baum des Lebens, und der trägt zwölfmal Früchte und bringt Früchte alle Monate, und die Blätter des Baumes dienen zur Heilung aller Völker" (Off.22/2).

Der Lebensbaum als Weltachse

Der Lebensbaum ist ein aus den Urtagen der Menschheit stammendes Symbol für die kosmische Einheit und Ganzheit. Tief verwurzelt im Erdreich, zugleich aber mit weit ausladender Gestalt hoch aufragend in den Himmelsäther, hält er Himmel und Erde zusammen: Weltachse und Stützpfeiler aller Welten. In diesem Sinne kann der Lebensbaum auch als Weltenbaum aufgefasst werden, da er alle Ebenen des Universums umfasst und als All-Baum den Gesamtzusammenhang aller Lebensphänomene im Rahmen einer großen irdisch-göttlichen Harmonie urbildhaft in sich beschließt. Die Urgeschichtsforscherin Britta von Verhagen hält es für wahrscheinlich, dass „die Altsteinzeitjäger schon den Weltbaum-Weltstützer-Kult kannten", und sie schreibt weiter: „Der Weltstützer dürfte wohl das erste und älteste Gottesbild der Menschheit überhaupt sein, es ist zugleich das tiefsinnigste."[18]

In der germanischen Mythologie begegnet uns das Weltstützer-Motiv in Gestalt der Weltenesche Yggdrasil. In dunkler geheimnisvoller Sprache heißt es in der Edda, jener aus Island stammenden Sammlung germanischer Götterdichtung:

Eine Esche weiß ich, sie heißt Yggdrasil
Die hohe, benetzt mit hellem Nass:
Von dort kommt der Tau, der in Täler fällt;
Immergrün steht sie am Urdbrunnen.[19]

Ein ganzes Weltbild spannt sich am Ursymbol der Weltenesche Yggdrasil auf. Als der heilige Baum Odins umfasst Yggdrasil alle im Germanentum bekannten neun Weltebenen: von der Unterwelt – dem Jenseits oder Totenreich – über die Oberwelt mit dem Mineralreich, dem Elementarreich, dem Menschenreich und den verschiedenen okkulten Naturreichen bis hinauf zu den höchsten Ebenen der Überwelt, den Reichen der Lichtelfen, der Vanen und der Asen. Die Asen-Götter wohnen in Walhall auf des Weltenbaumes Spitze, während das Reich der Zwerge und die Totenwelt Hel in den unergründlichen Wurzeltiefen Yggdrasils verborgen bleiben.

Ein solches Weltbild bleibt keineswegs auf den europäischen Norden beschränkt; es findet sich auch im Alten Indien. In dem indischen Weisheitsgedicht *Bhagavad Gita* begegnen wir dem universalen Welten- und Lebensbaum als dem Baum Krishnas: der göttliche Feigenbaum *Ashvattha*, der mit seinen Wurzeln im Himmel gründet und mit seinen Früchten die Erde berührt. Die folgenden Verse aus der Bhagavad Gita (15. Gesang, 1–4) lassen deutlich die große Gemeinsamkeit zwischen germanischem und indischem Denken erkennen:

Unendlich ist der Lebens-Baum,
Allhin verwurzelt, allverzweigt;
Loblied des Daseins jedes Blatt.
Der Weise hört sein Rauschen wohl.

Aufwärts, abwärts strebt jeder Zweig,
Dem die Drei-Kraft den Wuchstrieb schenkt.
Die Wurzeln treibt es erdenwärts,
Zum Haften in der Menschen Werk.

Unerkannt bleibt der Lebens-Baum
Wie auch sein Ursprung, Daur' und End.
Doch wer gelassen, haftensfrei,
Sein Herz von dessen Wurzel löst,

Der schwingt sich auf zum höchsten Sein,
Von dem kein Wandrer wiederkehrt –
Zum Urquell allen Seins, aus dem
Der Strom des Lebens ewig fließt.[20]

Da der Weltenstützer-Kult zum ältesten Religionsgut der Menschheit gehört, spielt er auch in der Welt des Schamanismus – etwa der innerasiatischen oder zentralsibirischen Völkerschaften – eine entscheidende Rolle. Für die Schamanen, die magiekundigen Stammespriester nomadisierender Jäger- und Hirtenvölker, ist der Weltenbaum offensichtlich ein Symbol der Einweihung gewesen, worauf auch Holger Kallweit in seinem Buch *Traumzeit und innerer Raum* (1984) hinweist. Er schreibt dort unter anderem: „Der Weltenbaum, die *Axis mundi*, die Himmel, Erde und Unterwelt verbindet, gilt als Öffnung oder Kanal zu anderen Seinsbereichen. Götter und Jenseitige steigen an ihm auf die Erde hinunter oder die Seelen der Lebenden in den Himmel empor. Diese kosmische Achse hält das Weltall im Gleichgewicht und stellt gleichsam sein Zentrum dar. (.....) Der Weltenbaum ist auch der Lebensbaum, der Fruchtbarkeit und Regeneration des Lebens sowie Unsterblichkeit verkörpert. Wer ihn erklimmt, steigt zu wirklichem Leben auf. Und je höher er klettert, umso vollkommener wird seine Erfahrung kosmischer Einheit und der Verbundenheit allen Lebens."[21]
In der Mystik des Judentums findet sich ebenfalls

das Motiv des Lebensbaumes. Die Geheimlehre der *Kabbalah* (deutsch: Überlieferung), die im 13. Jahrhundert schriftlich niedergelegt wurde, umreißt das mystisch-philosophische Weltbild des Judentums. Der in der Kabbalah ausgedrückte Grundgedanke besteht darin, dass alles Sein sich zu einem großen Weltenorganismus zusammenfügt, der von den letzten unfassbaren Höhen der unerkennbaren Gottheit bis in die Wirklichkeit der materiellen Welt hinabreicht. Das bildliche Symbol dieses Organismus ist der kabbalistische Lebensbaum, auch Sephirotbaum genannt: ein Baum, der Physisches und Metaphysisches miteinander verbindet und somit die Einheit allen Seins in sich beschließt. Er entspricht dem in der Bibel erwähnten Lebens- oder Paradiesesbaum, der – ewiges Leben verheißend, von Cherubim bewacht – unerreichbar im Paradies steht (1. Moses 3/24).

Auf der Spitze des kabbalistischen Sephirotbaumes strahlt Ain Soph, das „grenzenlose Licht Gottes", ähnlich wie in der germanischen Mythologie Walhall – die Götterburg, das göttliche Lichtzentrum – auf der Spitze der Weltenesche Yggdrasil thront. Und wie der Kosmosbaum der Kabbalah mit Wurzel, Stamm und Krone insgesamt neun schöpferische Potenzen umfasst, die neun Sephirot, so beinhaltet die Weltenesche der nordgermanischen Edda ebenfalls neun Ebenen des Seins, von Helheim bis Asgard. Die Neun scheint überhaupt die heilige Zahl des Lebensbaumes zu sein.

Wir sehen also: Ob wir es nun mit der germanischen Weltenesche Yggdrasil zu tun haben, mit dem Lebensbaum im Paradies oder mit dem kabbalistischen Sephirotbaum, ob wir den indischen Feigenbaum Ashvattha betrachten oder den Einweihungsbaum der Schamanen Sibiriens – es handelt sich um ein universales, kulturübergreifendes Lebens- und Heilssymbol. Dass dieses Symbol ausgerechnet im Bild eines Baumes ausgedrückt wird, dürfte nicht von ungefähr kommen. Das geistige Urbild des Baumes entspricht sowohl der grundlegenden Struktur des Universums als auch der Seelenorganisation des Menschen: der Weltenbaum des Kosmos findet sein Abbild im Innenbaum der menschlichen Seele. Bäume erscheinen somit als Wesenheiten, in deren Gegenwart wir uns dem numinosen Übersinnlichen öffnen, um empfänglich zu werden für den Einstrom göttlicher Transzendenz.

Die heiligen Bäume der Kelten

Eiche, die zwischen zwei Ufern wächst,
Verdunkelt sind Himmel und Berg.
An seinen Wunden erkenne ich,
Dass es Llew ist, der dort sitzt.
Eiche, die im Erdreich des Hochlandes wächst:
Ist sie nicht nass vom Regen?
Sind nicht hingegangen über sie
Neun mal zwölf Gewitter?
In ihren Ästen trägt sie Llew Llaw Gyfes.
Eiche, die an einem Abhang steht,
Groß und mächtig anzuschauen.
Ich wünsche mir,
Dass Llew auf meinen Knien sitzt.[22]

Eichenkult im Alten Europa

Die Römer sprachen – wie etwa Ovid – von der Eiche als dem „gebreiteten Baume des Jupiter", im Norden galt die Eiche als der geweihte Baum des Gottes Thor, der bei den weiter im Süden lebenden Germanen als Donar verehrt wurde; im fernen Baltikum war die Eiche der Kultbaum des Donner- und Gewittergottes Perkunas, und die Griechen behaupteten von ihrem Helden Odysseus, „er sei nach Dodona gegangen, um den Rat des Zeus aus dem Gipfel der Eiche zu lauschen" (Odyssee XIV, 317). Dodona – so heißt ein hochgelegener dichtbewaldeter Ort bei Epirus im Norden Griechenlands, wo einst ein heiliger Eichenhain stand, dem Hauptgott Zeus und der Titanin Dione geweiht. Die Eichen zu Dodona konnten jedoch weissagen, denn es hieß, dass im Rauschen ihrer Blätter die Stimme des Göttervaters ertönte und den Ratschluss der Götter verkündete.

Älter als das Orakel zu Delphi, älter noch als die Kultstätten des Zeus zu Olympia und Epidauros, älter vielleicht gar als die Mysterien von Eleusis und Samothrake, stellt Dodona zweifellos das älteste Orakel auf hellenischem Boden dar, „dessen Einzelheiten uns anmuten, als sprächen wir von einem nordischen alten Götterkult unserer eigenen Heimat" (Thassilo von Scheffer)[23]. Priesterinnen weilten auch am heiligen Ort zu Dodona, drei an der Zahl, denen die Aufgabe zukam, die aus dem Rauschen der Eichbäume empfangene Stimme des Zeus so zu deuten, dass sie Sterblichen verständlich würde. Dieses Priesteramt in der Hand von weisen Frauen bildet wohl den Überrest einer matriarchalen Urreligion, die vor der Einwanderung der indogermanischen Griechen etwa 1600 bis 1200 v. Chr. im gesamten südlichen Mittelmeergebiet sowie auf Kreta und in Kleinasien bestanden haben muss.

Das Orakel zu Dodona, in klassischer Zeit längst von anderen Orakelstätten – vor allem Delphi – verdrängt und zur Bedeutungslosigkeit herabgemindert, stellt das Überbleibsel eines ureuropäischen Eichenkultes dar, der zweifellos auf die unbekannte Religion der vorindogermanischen Bevölkerung Europas zurückgeht. Herodot nimmt daher ganz richtig an, dass Dodona einst den Pelasgern, den ursprünglichen Bewohnern Griechenlands, als Kultstätte gedient habe: „Früher opferten die Pelasger den Göttern und beteten zu ihnen, wie ich in Dodona gehört habe, ohne sie bei Namen zu nennen; denn ihre Namen kannten sie noch gar nicht. Erst viel später lernten sie die aus Ägypten stammenden Namen der verschiedenen Götter kennen, und noch weit später den des Dionysos. Nachher befragten sie der Götternamen wegen das Orakel in Dodona, angeblich das älteste und damals das einzige Orakel in Griechenland. Ihre Frage aber, ob sie die aus der Fremde stammenden Namen der Götter annehmen sollten, bejahte das Orakel, und seitdem rufen sie bei ihren Opfern die Götter mit Namen an. Später haben das dann auch die Griechen von den Pelasgern angenommen."[24]

Ob im Süden oder im Norden, im Westen oder im Osten Europas – überall im Abendland und im Vorderen Orient wurde die Eiche als Symbol des Königtums verehrt; überall wurde sie auch demselben frühjahrszeitlichen Regen-, Donner- und Gewittergott zugeordnet, heiße er nun Jupiter oder Thor. Die in der Türkei vorkommende immergrüne Stein- oder Korkeiche galt bei den Hethitern, dem wohl ältesten indogermanischen Kulturvolk – mindestens seit 1600 v. Chr. in Zentralanatolien ansässig – als heiliger Baum; sie durfte daher nicht gefällt werden. Wenn der König Bauholz brauchte und zu diesem Zweck Bäume fällen wollte, musste zuvor der Wettergott um Erlaubnis gefragt werden[25]. Im osteuropäischen Raum, besonders bei den Balten, gab es einen ausgeprägten Eichenkult. Die Eiche, dem zeusgleichen Donnergott Perkunas zugeschrieben, besaß ebenfalls weissagende Kraft, und kultische Feste wurden ihr zu Ehren aufgeführt.

Für die Verehrung ihrer Götter benutzten die europäischen Urvölker ursprünglich heilige Haine, nicht aber gemauerte Tempel; und diese Haine bestanden nicht selten aus Eichen. So gab es beispielsweise einen geheiligten Hain der Jagdgöttin Artemis auf der Insel Delos. Aber die ausladende Kraft, der formvollendete Wuchs und die majestätisch-numinose Würde des Eichbaums formen einen Gesamteindruck, der sich als allgemeingültig und überzeitlich der Seele einprägt, sodass die Eichenverehrung als Grundhaltung zu allen Zeiten möglich scheint. Wer gewissermaßen die Wesenheit der Eiche geschaut hat, wer in mystischer Einung in den Lebensstrom dieses Baumes hinein getreten ist, der wird auf immer ein Eichenverehrer und Eichenwissender bleiben, mag er nun ein keltischer Druide der europäischen Eisenzeit sein oder ein Mensch des 21. Jahrhunderts. Auch in heutiger Zeit, nicht nur zur Zeit der Kelten und Germanen, besteht die Möglichkeit eines spirituell erweiterten Baum-Erlebens.

Als Baumbegeisterter und Eichenjünger bekannte sich übrigens auch der Dichter *Friedrich Hölderlin* (1770 – 1843), einer der bedeutendsten Geister der deutschen Romantik, der sich zutiefst hineinfühlen konnte in die Vorstellungswelt der antiken Völker. Ein „Volk von Titanen", so nennt Hölderlin die Eichen und dichtet ihnen folgenden Hymnus:

Aus den Gärten komm' ich zu euch, ihr Söhne des Berges! Aus den Gärten, da lebt die Natur, geduldig und häuslich, pflegend und wieder gepflegt, mit den fleißigen Menschen zusammen.
Aber ihr Herrlichen! steht wie ein Volk von Titanen, in der zahmeren Welt und gehört nur euch und dem Himmel, der euch nährt' und erzog, und der Erde, die euch geboren.
Keiner von euch ist noch in die Schule der Menschen gegangen, und ihr drängt euch, fröhlich

und frei, aus der kräftigen Wurzel untereinander
herauf und ergreift, wie der Adler die Beute, mit
gewaltigem Arme den Raum, und gegen die
Wolken ist euch heiter und groß die sonnige
Krone gerichtet.

Eine Welt ist jeder von euch, wie die Sterne des
Himmels lebt ihr, jeder ein Gott, in freiem Bunde
zusammen. Könnt' ich die Knechtschaft nur er-
dulden, ich neidete nimmer diesen Wald und
schmiegte mich gern ans gesellige Leben.

Fesselte nur nicht mehr ans gesellige Leben das
Herz mich, das von Liebe nicht lässt, wie gern
würd' ich unter euch wohnen! [26]

Nemeton – der Hain der Druiden

Die westindogermanischen Kelten und Germanen haben es von jeher abgelehnt, ihren Göttern steinerne
Tempel zu errichten; denn die Götter wohnten in den
Großen Wäldern, und das Götterwirken konnte im Na-
turgeschehen erlebt werden. Deshalb schreibt der römische Berichterstatter Tacitus: „Übrigens glauben die
Germanen, dass es mit der Hoheit der Himmlischen
unvereinbar sei, Götter in Wände einzuschließen und
sie irgendwie menschlichem Gesichtsausdruck anzunä-
hern; sie weihen Lichtungen und Haine und geben die
Namen von Göttern jener weltentrückten Macht, die sie
allein in frommen Erschaudern erleben."[27]

Das hier Gesagte gilt nicht nur für die Germanen,
sondern auch für die Kelten. Als Kultort diente ihnen
ein heiliger Eichenhain, *Nemeton* genannt. Über den
Begriff des Nemeton, verwandt mit dem lateinischen
nemus für „Lichtung", sagt der bekannte Keltenforscher

Jean Markale: „Die Kelten waren davon überzeugt, dass man einen Gott oder die Götter nicht an einer bestimmten Stelle festhalten kann; sie glaubten vielmehr, dass sich die Welt der Menschen an bestimmten symbolischen oder realen Orten für die Welt der Götter öffnet und umgekehrt. Der *nemeton* war dieser Ort heiligen Austauschs zwischen Götter- und Menschenwelt; es konnte nicht nur eine Waldlichtung sein, sondern auch ein ganzer Wald, die Spitze eines Hügels oder eine Insel im Meer."[28]

Der Nemeton bildete bei den Kelten also den Mittelpunkt des religiösen Lebens: ein geweihtes Stück Wald mit einer Lichtung in der Mitte, die genug Raum bot für größere Versammlungen oder Feierlichkeiten. Nach außen hin war das in der Regel viereckige Waldrevier durch Holzpalisaden oder durch Erdwälle streng abgegrenzt. Überreste solcher Wallanlagen hat man bis heute in großer Zahl gefunden: die meisten im Voralpenraum zwischen Südwestdeutschland und Österreich, wohl der eigentlichen Stammheimat der Kelten, aber auch im östlichen Frankreich, an der Seine, sogar in Portugal. Im Volksmund nannte man sie „Viereckschanzen" oder „Keltenschanzen": bis 1910 kannte man bereits 150 solcher Schanzen, heute schon rund 250. Sie gehören alle der spätkeltischen Latène-Zeit an. Nur über den Sinn solcher Anlagen herrschte Unklarheit: handelte es sich um Festungen, Gutshöfe, Viehpferche oder gar um Kultplätze?

Doch die in tiefe Erdschächte eingegrabenen Kult- und Opfergegenstände, die man dann innerhalb der „Viereckschanzen" fand, ließen den Schluss zu, dass diese vorgeschichtlichen Wallanlagen einem sakralen

Zweck gedient haben müssen. Als Kultplätze, geweihte Stätten der Götterverehrung, zeugen sie stumm von einer verschütteten indogermanischen Religion – dem *Druidentum.* Die „Viereckschanzen" waren ursprünglich im Inneren dicht bewaldet mit heiligen Bäumen, die nicht gefällt werden durften, da in ihnen Nymphen oder Götter wohnten. In tiefe Brunnen, Flussquellen, Seen, Hochmoore oder in selbstgegrabene Erdschächte warfen die Priester der Kelten Opfergaben, die den Göttern bestimmt waren, die man sich im Erdinneren wohnen dachte. In der keltischen Viereckschanze von Holzhausen bei Wolfratshausen am Starnberger See hat man in einem Erdschacht neben Hirschgeweihen und allerlei Opfergerät einen hölzernen Kultpfahl, einen etwa 4 Meter langen Zypressenstamm, zutage gefördert. Dieser Kultpfahl sollte wohl die Weltachse symbolisieren.

Damit wurde der Beweis erbracht, dass auch die Kelten den Weltbaum-Weltstützer-Kult kannten; ähnelt doch ihr Kultpfahl äußerlich sehr der germanischen *Irminsul,* die – im heiligen Opferhain aufgestellt – die Weltenesche Yggdrasil darstellen sollte. Aber keine schriftliche Quelle berichtet uns von den Inhalten der Druiden-Religion; denn die Druiden selbst haben der Nachwelt nichts Schriftliches hinterlassen, und die Aussagen griechischer und römischer Autoren über die Religion der Kelten bleiben nur bruchstückhaft. Immerhin sagt Pomponius Mela (*De Choreographia* III, 2/18) über die Druiden: „Diese geben vor, von der Größe und Gestalt der Welt, den Bewegungen des Himmels und der Gestirne sowie vom Willen der Götter Kenntnis zu haben. Sie unterweisen die Edlen ihres Volkes in vielerlei Dingen, heimlich und lange Zeit hindurch – zwanzig

Jahre – und zwar entweder in einer Höhle oder in abgelegenen Waldhainen."[29]

Antike Quellen erwähnen zuweilen die Waldhaine der gallischen Druiden. So beschreibt Lucanus in seinem Epos *Pharsalia* (3, 399-425) den heiligen Hain, der sich in der Nähe von Marseille befand, dessen Bäume aber von Cäsars Truppen im 1. Jahrhundert v. Chr. gefällt wurden. Er sagt: „Da stand ein Hain, seit Menschengedenken nie entweiht; mit verschränkten Ästen bildete er einen Bezirk von Dunkelheit und Schattenkühle, dessen Kuppel Sonnenstrahlen nicht durchdrangen. (.....) Diesen Ort besuchten keine Leute, um ihn aus der Nähe zu verehren, vielmehr überließ man ihn den Göttern: wenn Helios am Morgenhimmel stand oder dunkle Nacht das Firmament umfing, so wagte nicht einmal der Priester einzutreten, fürchtete er doch, den Herrn des Hains zu überraschen."[30]

Neben der Verehrung heiliger Quellen, Berge und Flüsse spielte auch der Baumkult eine wichtige Rolle in der keltischen Spiritualität. Es gibt Weihinschriften an verschiedene lokale Baumgötter der Kelten, so an den „deus Robur", den Eichengott aus Angouleme, an „Fagus", den Buchengott aus den Pyrennäen, an den Ebereschengott „Alisanus" und an „Abelio", den Apfelbaumgott aus Gallien. Auch Stammesnamen der Gallier leiteten sich zuweilen von bestimmten Bäumen her, so etwa das belgische Volk der Eburonen, die in den heutigen Provinzen Limburg und Lüttich und im östlichen Rheinland bis Köln wohnten. Ihr Name geht auf die Wurzel *eburo*, das heißt Eibe zurück. Sie verstanden sich, wie die ihnen benachbarten Eburovices, als Eibenvolk. Die Viducassen leiten ihren Namen von der Wurzel *vidu* her, dem Wort für Baum, Holz, Wald; sie sind, wie der Name sagt, „schön durch das Holz". Ein irisches Gedicht nennt folgende Bäume, die nicht verbrannt werden durften:

> Verbrennt nicht den Apfelbaum
> Mit seinen schweren Ästen und weißen Blüten,
> Nach dessen gnädigem Haupt jedermann
> Seinen Arm ausstreckt.
> Verbrennt nicht die edle Weide,
> Die so viele Gedichte ziert:
> Bienen trinken aus ihren Blüten,
> Reine Verzückung unter ihrem
> verschwiegenem Zelt.
> Den feinen, zierlichen Baum der Druiden,
> Den Vogelbaum mit seinen Beeren,
> Den dürft ihr nicht verbrennen;
> Doch nicht den schwachen, schlanken
> Haselnussbaum.
> Auch verbrennt nicht die Esche
> mit ihren schwarzen Knospen –
> Holz für geschwinde Räder,
> für die Gerte des Reiters;
> Der Eschenspeer führt den Angriff
> in erfolgreicher Schlacht.[31]

Eine besondere Bedeutung hatte bei den keltischen Druiden der Mistelkult, der mit der Verehrung der Eiche eng verbunden war. *Plinius der Ältere* (23–79 n. Chr.) berichtet ausführlich darüber: „Die Priester der Gallier, die Druiden, kennen nichts Heiligeres als die Mistel und den Baum, worauf sie wächst, besonders wenn dieser eine Wintereiche ist. Sie verehren den Baum aufs höchste und betrachten alles, was darauf wächst, als Himmelsgabe. Man findet aber die Mistel nur sehr selten auf der Eiche. Wenn man sie aber findet, wird sie mit großer Feierlichkeit geholt, vor allem am 6. Tag nach dem Neumond ... Die Druiden hießen die Mistel in ihrer Sprache die ‚Alles Heilende'. Nachdem sie unter dem Baume die gehörigen Opfer und Mahlzeiten veranstaltet haben, führen sie zwei weiße Stiere herbei, deren Hörner bekränzt werden. Der Priester, mit weißem Kleide angetan, besteigt den Baum und schneidet mit goldener Sichel die Mistel ab. In einem weißen Mantel wird sie aufgefangen. Dann schlachten sie die Opfertiere mit dem Gebet, die Gottheit möge ihre Gabe denen günstig werden lassen, welche sie damit beschenkt haben. In den Trank getan, solle die Mistel alle unfruchtbaren Tiere fruchtbar machen und ein Heilmittel gegen alle Gifte sein."[32] Jede Pflanze durfte nur zu einer bestimmten Zeit und Stunde geerntet werden; denn die Pflanzen sahen die Natur-Eingeweihten der Kelten stets in Verbindung stehen mit den kosmisch-astralen Kräften und insbesondere mit den Mondumläufen.

Die keltische Mond- und Waldgöttin

Das keltische Baum-Alphabet, in dem jeder Station des Jahres ein bestimmter Baum zugeordnet wird, gründet sich auf einen Mondkalender. In dessen Mittelpunkt stand die Große Mondin selbst, die als Göttin verehrt wurde. In Mythologie und Spiritualität der Kelten spielte der Mond seit jeher eine weitaus wichtigere Rolle als die Sonne. Der 1897 im Burgundischen gefundene *Coligny*-Kalender lässt erkennen, dass sich die Jahresrechnung der gallischen Kelten weitgehend am Mondlauf ausgerichtet hat. Das Kalendersystem von Coligny beruht auf einem Zyklus von 62 aufeinanderfolgenden Mondmonaten, die abwechselnd jeweils 29 und 30 Tage zählen; alle zweieinhalb oder drei Jahre wurde ein Schaltjahr eingefügt. Die keltischen Bewohner der Britischen Inseln hatten jedoch ein anderes Kalendersystem in Gebrauch, das eindeutig vom Sonnenjahr ausging, den Mond jedoch miteinbezog. Dort bestand das Jahr aus zwölf Mondmonaten und einem dreizehnten Schaltmonat, der die Differenz zum Sonnenjahr auszugleichen hatte. Es handelte sich also um einen luni-solaren Kalender, der freilich immer noch die einstige Macht und Größe der Mondgöttin erahnen lässt.

Die Kelten liebten offenbar die Nacht mehr als den Tag, und in der fahlen Erscheinung des Mondes erkannten sie vielleicht ein Sinnbild der Großen Göttin, der Himmelskönigin. Dies weist auf die Reste eines matriarchalen Bewusstseins in der Religion der Kelten hin; denn Matriarchat beinhaltet immer Mondverehrung. Die Mondgöttin der Kelten tritt als Wald- und Jagdgöttin auf, als Hüterin der heiligen Wälder. Dies war auch in anderen Teilen Europas der Fall. Im antiken Griechenland galt *Artemis* – die Schwester Apolls – als Große Mondin und als Herrin der Jagd. Die Artemis wurde in einem Hain verehrt, und die Sage geht, dass sie den Jüngling Aktäon – der sie heimlich beim Baden beobachtete – in eine Hirschkuh verwandelte. Der Hirsch ist in der Tat ein der Artemis geweihtes Tier. Auch versetzte sie den Jäger Orion an das Himmelsfirmament, der seitdem dort als nächtliches Sternbild erstrahlt.

Einen Artemis-Kult gab es vermutlich überall im Alten Europa, wobei der Name der Mond-, Jagd- und

Waldgöttin natürlich von Land zu Land anders lautete. Da gab es selbst auf der heutigen Halbinsel Krim eine *Diana von Taurus*, deren Priesterin Iphigenie wurde; Artemis und Diana sind jedoch miteinander identisch. Die römische Diana stellt ganz und gar eine Nachbildung der griechischen Artemis dar, denn auch sie erscheint als Jagd- und Mondgöttin, auch als Fruchtbarkeitsgöttin, die in heiligen Hainen verehrt wurde.

Im Alten Italien liebte sie als *Diana Nemorensis* vorzugsweise wasserreiche Haine; so hatte sie einen Kultort auf dem Berge Tisata bei Capua und besonders am Ufer des Kratersees von Aricia, den man auch den „Spiegel der Diana" nannte. Hier erhielt das Priesteramt derjenige, der den früheren Priester mit einem im Hain gebrochenen Ast erschlug, wohl eine Art Menschenopfer, das mit Hilfe der in ihren Bäumen anwesenden Göttin selbst vollbracht wurde. In Rom, wo ihr Kult von Aricia aus eingeführt wurde, lag ihr Tempel auf dem Aventin, und man feierte ihr zu Ehren in ganz Italien ihr Fest an den Iden des August.

Vermutlich kann die Diana-Artemis auch mit der griechischen Titanin *Dione* gleichgesetzt werden, einer uralten pelasgischen Gottheit, der ursprünglichen Herrin des Baum-Orakels von Dodona. Sicher kannte man auch in der westeuropäischen Welt, vor allem bei den Kelten, diese Gottheit. Als Große Mondin verkörperte sie vor allem den heiligen Jahreskreis, dessen einzelne Abschnitte durch verschiedene Bäume versinnbildlicht wurden. Der Hirsch war ihr geweihtes Tier; und dass der Hirschkult im Keltentum weiteste Verbreitung gefunden hatte, beweisen zahlreiche vorgeschichtliche Funde, am deutlichsten wohl das Bild des „gehörnten

Gottes" Cernunnos auf dem Silberkessel von Gunde-strup. Robert von Ranke-Graves, ein Wiederentdecker uralten Baumwissens in unserer Zeit, nennt diese unbe-kannte Gottheit einfach nur die „Weiße Göttin".

Das keltische Baum-Alphabet

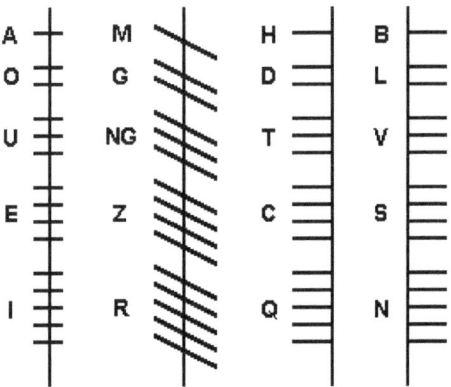

Die Sprache der „Weißen Göttin" ist die vergessene Rätselsprache des keltischen Baum-Alphabets. Es diente als Baum-Orakel, Schriftsystem und Kalender zugleich; ein umfassendes System der Divination, das – den ger-manischen Runen ähnlich – von den eingeweihten Priestern zu Wahrsagezwecken verwendet wurde. Das unter dem Namen Beth-Luis-Nion bekannte Baum-Al-phabet stammt aus Britannien und Irland, wo man es mindestens seit etwa 600 v. Chr. verwendete, obgleich seine ältesten Wurzeln sicher bis in die Bronzezeit zu-rückreichen. Die Erfindung der im Beth-Luis-Nion ver-wendeten Schriftzeichen, der Ogham-Schrift, wird ei-nem Gott der Weisheit namens Ogmios zugeschrieben.

Überliefert wurde dies Wissen der Nachwelt durch eine irische Handschrift aus dem 14. Jahrhundert, dem *Book of Ballymote*, das wohl auch der Unterrichtung der Barden gedient haben mag. Die Zeichen der Ogham-Schrift bestanden aus einfachen senkrechten Strichen auf einer waagrechten Linie, die in alte bemooste Steine eingeritzt wurden.

Von den 360 bekannten Ogham-Inschriften auf Stein verteilt sich der Hauptanteil von etwa 200 auf die irischen Grafschaften Waterford, Cork und Derry; die restlichen befinden sich in Wales, Cornwall, Devon, in Schottland und auf der Insel Man. Von den irischen Inschriften gehört die Mehrzahl der Zeit vom 5. bis 8. Jahrhundert n. Chr. an. Das Ogham-Alphabet besteht aus insgesamt 20 Buchstaben, 15 Konsonanten und 5 Vokalen. Die Konsonanten des Ogham-Alphabets, und zwar 13 davon, beziehen sich auf die 13 Mondmonate des luni-solaren Kalenders. Diese Monate mitsamt den zu ihnen gehörigen Bäumen sind:

B / Beth	Birke	24. Dez. – 20. Jan.
L / Luis	Eberesche	21. Jan. – 17. Febr.
N / Nion	Esche	18. Febr. – 17. März
F / Fearn	Erle	18. März – 14. April
S / Saille	Weide	15. April – 12. Mai
H / Uath	Weißdorn	13. Mai – 9. Juni
D / Duir	Eiche	10. Juni – 7. Juli
T / Tinne	Steineiche	8. Juli – 4. August
C / Coll	Hasel	5. August – 1. Sept.
M / Muin	Weinstock	2. Sept. – 27. Okt.
NG / Ngetal	Schilf	28. Okt. – 24. Nov.
R / Ruis	Hollunder	25. Nov. – 22. Dez.

A / Ailm	Silbertanne	Wintersonnwende
O / Onn	Stechginster	Frühjahrsäquinokt
U / Ur	Heidekraut	Sommersonnwende
E / Eadha	Weißpappel	Herbstäquinokt
I / Idho	Eibe	Letzter Tag im Jahr

Das Leben in den alten keltischen Stammesgesellschaften vollzog sich im Einklang mit den ewigen Zyklen und Rhythmen der Natur – dem Wechsel von Werden und Vergehen, Blühen und Absterben, Leben und Tod, Vollmond und Neumond. Wir wollen nun den Zyklus des keltischen Jahres durchschreiten, und die heiligen Bäume, die den einzelnen Stationen des Jahresweges entsprechen, wollen wir durch meditatives Gewahrwerden zu erkennen versuchen. Und wenn wir sagen, dass jeder Baum eine okkulte Bedeutung habe, so meinen wir mit „okkult" soviel wie verborgen, geheim, esoterisch: eine Bedeutung, die sich nicht aus der unmittelbar sinnlichen Anschauung des Phänomens ergibt, sondern die gleichsam hinter Schleiern verhüllt im Hintergrund steht.

Beginnen wir mit *Beth*, der Birke. Sie bedeutet Anfang, Neubeginn; denn der Birken-Monat (24. Dez. – 20. Jan.) folgt im Kalender unmittelbar auf den Tag der Wintersonnenwende – dem eigentlichen Jahresbeginn. In diesem Bedeutungszusammenhang gehört auch der Umkreis von Geburt und Gebären, Säuglingspflege und Kinderaufzucht; denn im Birken-Monat wird das Jahr gleichsam geboren und befindet sich im Zustand des Säuglings. Damit hängt zusammen, dass die Birke das wässrige Element liebt, das unter anderem das Fruchtwasser darstellt.

Auf die Birke folgt *Luis*, die Eberesche. Esoterisch bedeutet sie: Erweckung, Erneuerung, Belebung, Wiedergeburt, Durchlichtung, Erleuchtung; denn der Ebereschen-Monat fällt in den Abschnitt des Jahres hinein, in dem das Sonnenlicht – ein Symbol der Erkenntnis – zunimmt (21. Jan. – 17. Febr.). Die langsam steigende Sonne scheint in diesem Zeitabschnitt die noch keimende Natur im buchstäblichen Sinne zu neuem Leben zu „erwecken". Im babylonischen Tierkreiszeichensystem entspricht dieser Zeitabschnitt dem Sinnbild des „Wassermann", der ebenfalls als Erwecker und Erneuerer galt. Erweckung bedeutet nicht nur Aufwachen nach langem Winterschlaf, sondern auch das Erwachen des menschlichen Geistes zu einem höheren, spirituell erweiterten Bewusstsein.

In der nordischen Mythologie bildete die Esche das „Material" des Weltbaumes Yggdrasil, und bekannt ist auch der Eddamythos, der von der Erschaffung des ersten Menschenpaares aus *askr* und *embla*, Esche und Ulme, berichtet. Damit wäre zu vergleichen, dass Hesiod den Zeus das dritte eherne Geschlecht aus der μελίαι schaffen lässt, worunter wohl die Manna-Esche (*Fraxinus ornus*) zu verstehen ist. Auch hier stoßen wir auf die Urgesteinsschicht eines alteuropäischen Baumwissens, dessen Ursprung in älteste Zeiten zurückgehen muss.

Der Monat der Traueresche, *Nion*, währt vom 18. Februar bis zum 17. März. In diesem Abschnitt des Jahres brechen Frühjahrsregen über die langsam zu neuem Leben erwachte Erde herein, und in Gegenden wie Mesopotamien konnte es dann regelrecht zu Überschwemmungen kommen, wenn Euphrat und Tigris über die

Ufer traten. Dieser meist feuchte Monat wird nach babylonischer Astrologie dem Zeichen „Fische", im keltischen Baumkalender der Traueresche zugeordnet. Im okkulten Sinne bedeutet sie: *Wasser, Macht des Meeres, Überschwemmung.* In der altgriechischen Religion galt die Traueresche auch als Kultbaum des Gottes Poseidon, des Meergottes, wie ähnlich die Eiche dem Zeus, der Lorberbaum dem Apoll, der Ölbaum der Pallas Athene geweiht war. In der esoterischen Symbolik kann „Wasser" auch ein Sinnbild sein für die Macht des Unbewussten, und „Überschwemmung" kann auch heißen, dass das Ich von den Inhalten des Unbewussten gleichsam überflutet wird.

Im vierten Mondmonat seit der Wintersonnenwende, dem Monat der Erle (18. März bis 14. April), werden winterliche Überschwemmungen durch die stärker werdende Frühjahrssonne zurückgedrängt; auch fällt in den Ablauf dieses Monats das Frühjahrsäquinoktium hinein, nach dem die Tage wieder länger werden als die Nächte, und die Sonne – ehedem noch ein Kind – zum wehrhaften Mann heranreift. Die esoterische Grundbedeutung der Erle lautet: *Trockenheit, Wärme, Feuer* – im direkten wie auch im übertragenen Sinne. Erlenholz, von Natur aus wasserundurchlässig, wird darum oft für den Brückenbau verwendet oder für Stützpfeiler unter Wasser. Astrologisch steht der Monat der Erle in Bezug zum Tierkreiszeichen Widder und seinem regierenden Planeten, dem Mars. Diesem eignet, wie der Erle, das feurige Element, und beide sind Krieger: „Die Erlen in der ersten Reihe / Begannen mit dem Gemetzel", heißt es im *Cad Caddeu*, jenem frühen walisischen Gedicht über den „Krieg der Bäume".

Die Weide, *Saille*, liebt vor allem die Gewässer, und sie verkörpert im Zyklus des keltischen Jahres die femininen und lunaren Aspekte des Lebens, denn der Mond symbolisiert das Urweibliche schlechthin. Das Wasser wiederum untersteht, wie der Rhythmus der Frau, der magischen Gezeiten-Anziehungskraft des Mondes. Über den Monat der Weide herrscht daher jene Mond-, Jagd- und Waldgöttin, die im mittelmeerischen Kulturraum *Diana-Artemis* hieß, während sie bei den Kelten als die dreifältige Große Muttergöttin verehrt wurde. In den Weiden-Monat fällt denn auch das Beltaine-Fest hinein, eine Art Walpurgisfeier am Vorabend des 1. Mai. Die esoterische Bedeutung des Weidenbaums: *Urweibliches, Mondhaftes, Große Muttergottheit, Magie, Verzauberung, Hexenwesen, weise Frauen.*

Auf den Weidenbaum folgt im Zyklus des heiligen Bäume *Uath*, der Weißdorn, ein kleiner dichtverzweigter Baum mit Dornen, der vorzugsweise in Hecken wächst; daher wird er zuweilen auch Hagedorn genannt. Der Weißdorn bringt das Magische in ganz anderer Weise zum Ausdruck als die Weide: denn während sich in der Weide gerade das Mütterlich-Weibliche und Fruchtbringende verkörpert, so steht der Weißdorn umgekehrt für Askese vor allem in sexueller Hinsicht. Die okkulte Bedeutung dieses Baumes beinhaltet: erzwungene Keuschheit, Entsagung, Zurückhaltung, Verzögerung, ja Unglück. In der König-Artus-Sage wird der Magier Merlin von Nimue in eine unterirdische Felsenkammer eingeschlossen, die von einer dichten Weißdornhecke umschlossen ist. Mit Magie steht der Weißdorn insofern in Zusammenhang, als magische Kräfte auch durch die Sublimierung sexueller Energien freigesetzt werden können.

Nach dem Weißdorn-Monat beginnt der Jahresabschnitt der Eiche (10. Juni – 7. Juli). „Mannhafter Wächter der Pforte" wird die Eiche im altwalisischen *Cad Caddeu* genannt; dies bezieht sich wohl darauf, dass Türpfosten im Alten Europa stets aus Eichenholz gezimmert waren. *Duir*, der Name der Eiche im keltischen Baum-Alphabet, heißt soviel wie „Tür", und in der Tat bildet der Monat der Eiche eine Art Türschwelle des Jahres, da genau in seine Mitte das Fest der Sommersonnenwende am 21. Juni hineinfällt. Daher auch die esoterische Bedeutung der Eiche: Tür, Tor, Schwelle, Hindurchgang, aber auch Schwellenüberschreitung, Einweihung, Öffnung und Weitung des Bewusstseins, Mysterien. Die zentrale Kultbedeutung der Eiche unter den vorgeschichtlichen Völkern Europas, besonders den Kelten, wird damit offenbar: die Eiche als das Tor zu den Mysterien. Als Tür- und Torhüter bedeutet die Eiche natürlich auch Standfestigkeit und Schutz; daher wurde sie später zum Symbol für Königtum.

Beinhaltet die gewöhnliche Eiche in ihrer okkulten Bedeutung Mysterien-Einweihung und damit auch Hindurchgang durch den Tod, so bedeutet die auf sie folgende immergrüne Steineiche Neugeburt und ewiges Leben. Im Vorderen Orient stand die Steineiche als Kultbaum im Mittelpunkt der Phönix-Mysterien, da man sich den Wundervogel *Phönix* in den Ästen ihrer Baumkrone brüten dachte; aber alle 500 Jahre muss der Phönix-Vogel in einem heiligen Feuersturm verbrennen, um sich sodann aus seiner eigenen Asche neu zu gebären. Die gewöhnliche Eiche bildete das Eingangstor zu den Mysterien, die ewiges Leben symbolisierende Steineiche ihre Vollendung und Erfüllung; beide Bäume stellen gleichsam die Türangel des Jahres dar. Das Feuer, in dem der Wundervogel Phönix verbrennt und aus dem er wieder neu aufersteht, ist ein Sinnbild für das kosmische Sonnenfeuer.

Im *Cad Caddeu* erscheint der Haselstrauch als der einzige unter den Bäumen, der nicht kämpft, sondern sich als Schiedsrichter betätigt: „Der Haselstrauch war Schiedsrichter / In dieser verzauberten Zeit". Der Haselnuss kommt das Amt der Vermittlung zu, und dies weist auch schon auf ihre okkulte Bedeutung hin: Weisheit; denn Nüsse haben in der keltischen Mythologie stets als Symbol konzentrierter Weisheit gegolten. Zu den Eigenschaften, die dem Haselstrauch in der Esoterik der Bäume zugeschrieben werden, zählen: Weisheit, Wissen, Inspiration, Intuition, Ahnung, Aufspüren verborgener Schätze. Der Haselzweig wurde mit Vorliebe als Wünschelrute verwendet; er diente also dem Aufspüren unterirdischer Wasseradern, die in der Sprache der Symbolik Quellen unbewusster Weisheit darstellen.

Die Verbindung zwischen dem Haselstrauch und der Quelle der Inspiration stellt der irische Mythos von *Connlas Quelle* her. Sie ist ein Urquell ewiger Weisheit, ähnlich dem Mimirsbrunnen im germanischen Mythos; sie befindet sich unter dem Meeresspiegel in der feenhaften Anderswelt *Tir Tairngire*, umringt von neun Haselnussbüschen. Deren Nüsse fallen in das glasklare Wasser, wo sie Blasen der Inspiration auslösen, die an die Oberfläche steigen. Die Nüsse der neun magischen Sträucher gelangen in den Boyne-Fluss, wo sie vom Salm der Weisheit verzehrt werden. Aus einem altirischen Gedicht über Connlas Quelle[33] seien hier einige Strophen zitiert:

Die Quelle Connlas, deren Rauschen so laut war,
Lag unter dem dunkelblauen Ozean;
Sieben Bäche von ungleichem Ruf
Entsprangen ihr; Sinann war der siebte.

Die neun Haselnusssträucher Crimalls, des Weisen,
Ließen ihre Früchte in den Brunnen fallen;
Sie lagen durch Zaubergesänge
In einem dichten Druidennebel.

Zur selben Zeit, wie das sonst nie geschieht,
Wuchsen ihre Blätter und Blüten.
Es ist seltsam, wenn auch edel,
Dass sie im Nu reif waren.

Waren die Nüsse reif,
So fielen sie in die Quelle.
Sie verteilten sich auf der Oberfläche
Und der Lachs fraß sie.

Aus dem Saft der Nüsse, und das ist keine niedrige
Angelegenheit,
Wurden die Schalen der Eingebung gemacht,
Welche jeden Moment
Im grünen Strom der Bäche abwärtsgespült wurden.

Die mystische Bedeutung des Weinstocks, *Muin*,
liegt nicht allzuweit entfernt von seiner alltäglichen: Der
Wein steht nämlich für die Kraft des Rausches. Dies
bedeutet nicht in erster Linie Berauschung durch Alko-
hol, sondern geistige Berauschung – Verzückung, Eks-
tase, Prophetie. Ekstatische Rausch-Mystik gilt als ein
Kennzeichen des Schamanismus, der auch unter den
Völkern des antiken Europa seine Spuren hinterlassen
hat; insofern mag der Weinstock als ein Symbol für

schamanische Einweihung gesehen werden. In Griechenland war die Weinrebe dem Schamanen-Gott Dionysos geheiligt.

Vom Monat der Weinrebe gelangen wir nun in den des wildrankenden Efeu (30. Sept. – 27. Okt.). Sein spiralförmiger Wuchs erinnert uns an das Labyrinth, den Irrgarten, und lässt uns den Zusammenhang zwischen Efeu und spiritueller Suche erahnen. Selbstsuche und Selbstfindung, ja Gralssuche und Gewinnung des Steins des Weisen stehen für die okkulte Bedeutung des Efeu. Das Efeugewächs wuchert an den Wänden alter Burgen und Schlösser, auf Ruinen und Friedhöfen, also auf Orten der spirituellen Suche. Und Efeu umkränzt das Haupt dessen, der das Ziel allen geistigen Strebens gefunden hat.

Der Schilf-Monat entspricht dem zwölften Monat im keltischen Jahr (28. Okt. – 24. Nov.). Die Zwölf gilt als eine Zahl der Vollendung, als eine königliche Zahl. Als Sinnbild wird dem Schilf die Gestalt des königlichen Bogenschützen zugeordnet, und da aus Schilf seit Alters her Pfeile hergestellt wurden, lautet die esoterische Bedeutung des Schilf: Treffsicherheit, Zielgerichtetheit, Ausrichtung auf die Ferne. Schilf hängt auch mit Schutz, Sicherheit und Überdachung zusammen, da im Alten Irland, dem Ursprungsland des keltischen Baum-Alphabets, Hausdächer mit Schilfrohr gedeckt wurden.

Der Hollunder gilt als ein Unglücksbaum, und er bedeutet: Tod, Verhängnis, Kreuzigung; denn der Hollunder-Monat steht an dreizehnter Stelle im keltischen Jahr, er ist der Schaltmonat des luni-solaren Kalenders (25. Nov. – 22. Dez.). Hierin wurzelt denn auch der uralte Volksglaube, der in der Dreizehn eine Zahl des Unglücks sieht. Auch im System der Tarot-Karten trägt die dreizehnte Karte den Titel „Der Tod". Im König-Artus-Mythos gibt es zwölf Ritter der Tafelrunde, aber der dreizehnte Ritter war Mordred, der Meuchelmörder. Der Hollunderbaum entspricht in diesem Sinne ganz der Gestalt Mordreds.

Wir sind nun durch den Zyklus des keltischen Jahr-kalenders hindurchgeschritten, und dabei wurde uns die Symbolbedeutung einiger als heilig verehrter Bäu-me und Sträucher offenbar. Das Beth-Luis-Nion als keltisches Baum-Alphabet und keltisch-irische Mysteri-entradition aus druidischem Geist konnte dabei freilich nicht in aller Vollständigkeit dargestellt werden, zumal es insgesamt 20 Bäume umfasst, die alle der *Großen Göttin* – nennen wir sie nun *Dione, Diana-Artemis* oder wie auch immer – geweiht waren. Die Beziehungen des hier dargestellten Baum-Alphabets zur Astrologie und zum System der Tarot-Karten können oft nur erahnt werden, auch die Anwendung dieses uralten Baum-Orakels auf den Gebieten der Wahrsagekunst, der Ma-gie und der Heilpflanzenkunde. Auf jeden Fall haben wir hier ein umfassendes System esoterischen Baum-Wissens vor uns, aber der Schleier des Geheimnisses, der es umgibt, ist bislang nicht gelüftet worden.

Merlin – ein Geweihter des Waldes

Merlin, keltisch *Myrddyn*, ein nordbritischer Barde, hat vermutlich im 6. Jahrhundert n. Chr. in der ausgedehn-ten Waldeinsamkeit Caledoniens – heute das südliche Schottland – gelebt. Wenig wissen wir über den histori-schen Merlin. Selbst die älteste Quelle über ihn, die *His-toria Brittorum* des Mönchs Nennius – erste Hälfte des 9.

Jahrhunderts – nennt keine biographischen Daten, sondern schildert Merlin als einen mit fast übermenschlichen Fähigkeiten ausgestatteten Seher und Magier. Merlin war schon damals ein Mythos, aber ein stets lebendiger Mythos, der auch heute noch in den Herzen der Menschen weiterlebt. Ein Kranz von Legenden rankt sich von der *Vita Merlini* des Geoffrey of Monmouth (um 1135) über den *Roman de Brut* von Wace (1155) bis zu Thomas Mallory's *Morte Darthur* (1485), wo Merlin als Ratgeber von König Artus, als Stifter der Tafelrunde und als Künder des Grals auftritt.

Einige altwalisische Gedichte, im *Black Book of Carmarthen* gesammelt, werden ebenfalls dem Merlin zugeschrieben. Zusammen mit Aneirin und Taliesin zählt er zu den legendären Barden des 6. Jahrhunderts. Im Mittelalter gab es Merlinische Prophezeiungen, immer wieder übersetzte und kommentierte Handschriften, die weitverbreitet waren. Myrddyn, der historische Merlin, war ein keltisch-britischer Weiser, der noch altes druidisches Wissen in sich trug: Dichter, Prophet, Magier und politischer Ratgeber zugleich – einer der letzten großen Eingeweihten der Alten Religion! Heinrich Zimmer schreibt über Merlin, er stelle „mit einsamer Vollendung im Abendlande dar, was anderen Kulturvölkern, zum Beispiel Indien oder den Indianern, eine geläufige und gebietende Figur ist: der Zauberer als Lehrer und Seelenführer...."[34]

In einem mittelalterlichen Text, *Lancelot und Ginevra*, einem Liebesroman aus dem 13. Jahrhundert, heißt es über Merlin: „Er kannte den Keim aller Dinge, ihre Verwandlung und Erneuerung, er kannte das Geheimnis von Sonne und Mond, die Gesetze, nach denen die

Sterne den ihnen zugeteilten Himmelsraum durchlaufen, kannte die Zaubergebilde von Wolken und Luft, die Rätsel des Meeres. Er kannte die Dämonen unterhalb des Mondes, die Träume senden. Er verstand den heiseren Schrei des Reihers, den singenden Flügelschlag der Schwäne, des Phönix Auferstehen. Er wusste den Zug der Kraniche, die Bahn der schwimmenden Fische zu deuten und die blinden Ahnungen der Menschen, und er sagte alle Dinge so, wie sie später gekommen sind, voraus."[35] Merlin, ein tief in alle Naturgeheimnisse Eingeweihter, gehörte offensichtlich zu den Druiden; denn diese beobachteten wie er den Sternenlauf, weissagten aus dem Vogelflug, hörten Götterstimmen im Rauschen der Eichbäume.

Hinter dem legendären Merlin steht, schattenhaft und nur in Umrissen erkennbar, eine historische Gestalt: Myrddyn, ein nordbritischer Barde, der im 6. Jahrhundert n. Chr. gelebt haben muss. Als Dichter und Prophet hochgeachtet, übte er auch in weltlichen Dingen großen Einfluss aus. Als sein Schutzherr Gwenddolau im Jahr 573 in der Schlacht von Ardeydd getötet wurde, floh Myrddyn in die Einöde der südschottischen Wälder, wo er sich vor den Nachstellungen des feindlichen Königs Rhydderch verborgen hielt. Vorher aber, in der Entscheidungsschlacht, soll er den Verstand verloren haben. Darauf sank er tagelang in Trauer:

„Drei Tage lang hatte er schon geweint und alle Speisen verweigert, so groß war der Schmerz, der ihn verzehrte. Immer von neuem ganz außer sich, füllte er mit lautem Klagegeschrei die Luft, dann entwich er ungesehen in die Wälder. So hielt er seinen Einzug in den Hain und staunte über die wilden Tiere, die in den

Lichtungen weideten. Bald lief er ihnen nach, bald eilte er ihnen voraus. Er nährte sich von den wilden Kräutern und ihren Wurzeln, er genoß die Früchte der Bäume und die Beeren des Dickichts; er wurde ein *Waldmensch (silvester homo)*, gleichsam ein den Wäldern Geweihter."[36]

Alles deutet darauf hin, dass Myrddyn nach seinem einschneidenden, lebenswendenden Schlachterlebnis zum Druiden wurde. Die Worte: *„So hielt er seinen Einzug in den Hain"* weisen deutlich darauf hin. Die Druiden waren in vorchristlicher Zeit die „Geweihten der Wälder", und die Haine, die heiligen Waldlichtungen, dienten ihnen als geheime Tempelstätten. So wurde für Myrddyn der Wald zum Mysterienort. Mit den Wesenheiten des Waldes stand er in inniger Verbindung, und noch ein *Nikolaus Lenau* (1802–1850) konnte dichten:

> Wie Merlin
> Möcht' ich durch die Wälder ziehn;
> Was die Stürme wehen,
> Was die Donner rollen,
> Und die Blitze wollen,
> Was die Bäume sprechen,
> Wenn die brechen,
> Möcht' ich wie Merlin verstehn.[37]

Die Apfelbäume von Avalon

Fern im Westen, am Rande der Welt, wo allabendlich in goldener Pracht die Sonne untergeht, liegt *Avalon*, die Insel der heiligen Apfelbäume. *Insula Avalonia* oder Apfelinsel wird sie auch genannt, und die Sage geht, dass neun Schwestern, geführt von Morgaine le Fay, über die

Gestade dieser Insel der Glückseligen herrschen sollen. Avalon bedeutete für die Gälen und die keltischen Briten das Paradies, und der Chronist Geoffrey of Monmouth berichtet uns hierüber: „Die Apfelinsel wird auch die glückliche Insel genannt, weil sie alle Dinge aus sich selbst erzeugt. Die Äcker haben dort den Pflug nicht nötig, der Boden wird überhaupt nicht bebaut; es gibt nur, was die schaffende Natur aus sich selbst gebiert. Freiwillig schenkt sie dort Korn und Wein, und in den Wäldern wachsen die Apfelbäume im stets geschnittenen Grase. Aber nicht nur schlichtes Gras, sondern alles bringt der Boden die Fülle hervor, und hundert Jahre oder darüber währt dort das Leben."[38]

Und den Weg nach Avalon, den kennt Merlin, der in alle Naturgeheimnisse Eingeweihte! – Aber Avalon ist keine Insel im geographischen Sinne; sie gehört weder zu den Azoren noch zu den Färöer-Inseln, sondern in das Reich der jenseitigen Astralwelt. Die Apfelbäume, die dort wachsen, entspringen zauberischer Macht, und die Früchte daran verheißen ewiges Leben: die berühmten Äpfel der Unsterblichkeit! Im Sagenschatz der alteuropäischen Mythologie stellen sie ein weitverbreitetes Motiv dar. Die griechische Sage von Herakles berichtet uns von den fern im Westen liegenden „Inseln der Glückseligen", wo – von Hesperiden gehütet – die Äpfel der Unsterblichkeit wachsen. Und wie Herakles, ein Archetyp des göttlichen Sonnenhelden, zu den Inseln des Westens reist und dort in den Besitz der Wunderäpfel gelangt, so wird auch König Artus – ein Sonnenheros wie Herakles – nach seinem Tod auf die Apfelinsel Avalon entrückt, um dort in den Gärten der Unsterblichkeit ewiges Leben zu genießen.

Ganz ähnlich erzählt uns die aus Island stammende Edda-Sammlung von den Äpfeln der Göttin *Iduna*. Die Asen, die Schlachtgötter Walhalls, können ihre Unsterblichkeit nur so lange genießen, als sie die Wunderäpfel Idunas regelmäßig verzehren. In dem Augenblick, da die Äpfel ausbleiben, werden die Götter Walhalls sterblich und die Götterdämmerung – Ragnarökk in der Sprache der Edda – beginnt! Iduna als Hüterin der kostbaren Äpfel könnte mit der keltischen *Morgaine le Fay* gleichgesetzt werden, der Herrin über Avalon.

Und die griechischen Hesperiden, der Sage nach Töchter der Nacht und des Riesen Atlas, könnten sie nicht als die Schwestern der Fee Morgaine gedeutet werden, von denen Geoffrey of Monmouth uns berichtete? Die Gleichartigkeit der mythischen Überlieferungen fällt jedenfalls auf, und es wäre denkbar, dass „Avalon" nicht bloß ein Phantasieprodukt ist, sondern ein im Mythos geschautes Wahrbild, ein Archetypus in der kollektiven Seele Europas.

Im vorderasiatischen Paradies-Mythos, der auch in die Sammlung des Alten Testaments einging, wird gleichfalls von wunderkräftigen Äpfeln berichtet: der Apfel vom Baum der Erkenntnis und der vom Baum der Unsterblichkeit; sind auch sie Äpfel aus den Gärten Avalons? *Iduna-Morgana*, die apfelschenkende Göttin aus dem europäischen Norden, begegnet uns hier wieder als *Eva*, die dem Adam den Apfel darreicht. Aber, diskriminiert von der patriarchalischen Tradition des Judentums, tritt sie nicht mehr als Göttin auf, sondern als Verführerin, die durch ihre Tat den „Sündenfall" bewirkt! All dies weist darauf hin, dass der Apfel im Mythos eine Bedeutung erlangt hat, die über seinen unmittelbar-praktischen Nutzen weit hinausgeht. Es gibt zwar auch den wildwachsenden Apfelbaum, aber im allgemeinen ist der Apfelbaum eben doch eine vom Menschen umhegte Zuchtpflanze, die uns durch die letzten 5000 Jahre menschlicher Kulturgeschichte ununterbrochen begleitet hat. Daher gründet gerade auch der Apfelbaum, engstens verbunden mit den Mythologien der antiken Völker, tief im kollektiven Unbewussten der Menschheit.

Wie jeder Baum einen ihn bewohnenden, ihn hegenden und pflegenden Baumnymphen hat, so auch der Apfelbaum. Im antiken Griechenland hießen die Nymphen der Apfelbäume *Meliaden*. Der römische Dichter Ovid, der tief aus dem Gedächtnis alteuropäischer Baum-Mythen schöpft, berichtet uns von einer Göttin namens *Pomona*, die – in gewisser Weise eine gute Fee der Apfelbäume – über Italiens Obstgärten zu wachen hatte. Über sie schreibt Ovid in seinen berühmten *Metamorphosen*:

> Nie war eine vordem der latinischen Hamadryaden
> Emsiger, als Pomona, in blühender Gärten Bestellung,
> Nie geschäftiger eine für saftige Früchte des Baumes.[39]

Die Nymphe des Apfelbaums kann übrigens auch weissagen. Der Königsbarde Merlin, nach dem Tod seines Lehnsherrn Gwenddolau in die südcaledonischen Wälder entflohen, betrat dort eines Tages einen Hain wildwachsender Apfelbäume, „siebenmalzwanzig und sieben süße Apfelbäume, von gleichem Alter, gleicher Höhe und Größe", wie es in einem Gedicht hierüber heißt. Über diesen Apfelbaumhain wacht eine Nymphe, „Gloywedd mit Namen, mit Zähnen von Perlenweiße". Diese gute Fee erscheint dem Merlin, und sie weissagt ihm das künftige Schicksal Britanniens. Dies alles ist nachzulesen in dem walisischen Gedicht *Affallenau* (zu Deutsch: Apfelbäume), das sich in der Sammlung des *Black Book of Carmarthen* (um 1250) befindet und hier auszugsweise zitiert werden soll. Es atmet zutiefst naturmystisch-träumerischen und prophetischen Geist; eines der schönsten Gedichte, die je über Apfelbäume geschrieben worden sind.

Wird je eine solche Gabe irgend jemandem gegeben,
als bei dem Morgenschimmer des Tages ward
dem Myrddyn gegeben, ehe das Alter ihn ereilt hat?
Siebenmalzwanzig und sieben süße Apfelbäume
Von gleichem Alter, gleicher Höhe und Größe,
Sie sind ein Zeichen des Wohlwollens eines Fürsten,
Und sie sind beschattet mit lieblichem Laub.
Ein Mädchen mit schönen Locken wacht über sie,
Gloywedd mit Namen, mit Zähnen von Perlenweiße.

Süßer und ausgezeichneter Apfelbaum!
Du wirst schwer sein, wenn du beladen bist mit Frucht;
Und ich bin besorgt und unruhig über deine Sicherheit,
dass die Waldmänner deinen Stamm zerstören,
deine Saat beschädigen, und hindern werden,
dass irgend mehr Äpfel auf dir wachsen.
Und ich zerfleische mich selbst rasend mit Angst;
Qual peinigt mich, und kein Gewand bedeckt

meinen Leib. Dies wäre die Gabe des Gwenddolau,
des Freigiebigen, welcher jetzt ist, was er nicht war.

Süßer Apfelbaum von herrlichem Wachstum,
Dein Schatten ist berühmt, nützlich und anmutig. –
Fürsten werden sich verbinden unter falschen
Vorwänden
Mit falschen, wollüstigen und schwelgerischen
Mönchen, und eitlen geschwätzigen Jünglingen,
deine Früchte sich zu verschaffen.
Sie alle prophezeien kriegerische Großtaten dem
Fürsten.

Süßer Apfelbaum von kraftvollem Wuchs
mit grünendem Laub, breit ist dein Gezweig
und schön deine Gestalt,
Es war schön, dich zu sehn in einem Kleid von
lebhaftem Grün,
ehe Krieg mein Herz mit Gram erfüllt hatte.
Aber das Unrecht an mir wird dennoch gerächt werden,
Und die Legionen von Perngwern werden schwärmen
auf der Wiesenmatte.

Köstlicher Apfelbaum mit Blüten von reinem Weiß,
Denen, die sie essen, sind süß die Äpfel,
Die immer gewachsen sind auf Bäumen,
Welche abgesondert wachsen mit weit gedehnten
Zweigen.
Die Nymphe, welche erscheint und verschwindet,
weissagt deutlich in Bildern von unruhigen Zeiten,
die sicherlich kommen werden.
Eine Flotte mit Ankern wird kommen auf der See,

Sieben Schiffe mit Siebenhundert segelnd über die
Wogen.
Sie werden ans Ufer steigen unter dem Flug der Pfeile,
und von denen, die da kommen, werden zurückkehren
Nicht mehr als sieben zu ihrer früheren Heimat.

Apfelbaum, wachsend am Rande des Baches,
Mit höchlich erwünschtem Laub und gelben Äpfeln:
Ich bin geliebt worden von Narben und Stürmen;
Mein Aussehen ist hingewelkt vom langen Weinen.
Bin ich nicht vernachlässigt von meinen früheren
Freunden, wandelnd unter Gespenstern,
die mich nicht kennen?

Köstlicher Apfelbaum mit herrlichen Blüten,
Der auf der Scholle wächst mitten unter den Bäumen,
Die Nymphe prophezeit – Worte, die ihre Geltung ha-
ben werden –: Plane der Seele werden bedecken
die grüne Versammlung beim Beginn
der sturmvollen Stunde vor den Fürsten.
Der Pfeilschütz der Strahlen wird überwinden
den unheiligen Mann:
Voran das Kind der Sonne, kühn in seinem Lauf,
Werden die Sachsen ausgerottet werden, und die
Barden blühen.[40]

Wo sich jener wildwachsende Apfelbaumhain mit
der weissagenden Nymphe befunden haben mag, das
bleibt ein Geheimnis, das Merlin mit in sein Grab genommen hat. Tragik umgibt das Ende des großen keltischen Magiers und Sehers. Es soll hier so wiedergege-
ben werden, wie es von den alten Chronisten, beson-

ders Thomas Mallory in seinem *Morte Darthur*, berichtet
wird. Im Zauberwald *Broceliande*, irgendwo in der Bretagne, begegnete Merlin einer der „Damen vom See",
einer Frau namens Nimue. Zwischen Merlin und Nimue entspann sich ein Liebesverhältnis, aber ein tra-
gisch-verhängnisvolles, das Merlin in den Tod trieb.
Merlin geriet in den Bannkreis seines eigenen Zaubers,
dem er am Schluss nicht mehr entweichen konnte.
Welch ein ungleiches Paar waren sie doch von Anfang
an: der steinalte Merlin und die junge druidische Novi-
zin Nimue. Doch ein unerbittliches Schicksal fesselte
den zauberkundigen Alten an die junge Dame vom See,
die ihrerseits nur darauf aus war, sein spirituelles Wissen auszubeuten und für sich nutzbar zu machen.

Nach dem Bericht von Thomas Mallory geschah es,
dass „Merlin sich in das Fräulein, das Pellinore an den
Hof gebracht hatte, heftig verliebte. Sie war eins der
Fräulein vom See und hieß Nimue. Merlin ließ nicht
von ihr ab und wollte immer bei ihr sein, und sie mach-
te Merlin Hoffnung, bis sie alles von ihm erfahren hatte,
was sie wollte. (....) Bald darauf reisten die Dame und
Merlin ab, und unterwegs zeigte Merlin ihr viele Wunder, bis sie schließlich nach Cornwall kamen. Und immer trachtete Merlin danach, ihr die Jungfräulichkeit zu
nehmen, doch sie war seiner schon sehr überdrüssig
und wäre ihn gern losgeworden, denn sie fürchtete sich
vor ihm. (....) Da geschah es einmal, dass Merlin ihr
einen Felsen zeigte, der ein großes Wunder barg und
einen Zauber auf den legte, der unter einen großen
Stein ging. Mit verführerischen Worten erreichte sie,
dass Merlin unter den Stein trat, um ihr das Wunder
vorzuführen, und da bewirkte sie, dass er trotz aller

seiner Künste, die ihm zu Gebote standen, nicht mehr unter dem großen Stein hervorkommen konnte. So ließ sie Merlin eingeschlossen zurück."[41]

So bleibt nun Merlin, wie Barbarossa im Kyffhäuser, in der unterirdischen Felshöhle eingeschlossen, alterlos und unberührt vom Gang der Zeit, nur noch wartend auf seine dereinstige Auferstehung und Wiederkehr. Merlin, der große Natur-Eingeweihte, wurde in das Innere des Felsens hineingezaubert, und um den Stein herum ließ Nimue eine große undurchdringliche Weißdornhecke wachsen. Die Sage berichtet, dass der Ritter Parcival der letzte unter den Sterblichen war, der die klagende Stimme des Merlin aus dem Weißdornbusch gehört haben soll. Und wer durch den Zauberwald *Broceliande* geht und dort einen verzauberten Weißdornbusch mit menschlicher Stimme klagen hört, der kann sicher sein, dass es die Stimme des gebannten Merlin ist, die da zu ihm spricht.

Die heiligen Bäume der Germanen

In dem Wehen, unter dem Schatten uralter Wälder
fühlte sich die Seele des Menschen von der Nähe
waltender Gottheiten erfüllt.[42]
J. Grimm, Deutsche Mythologie

Die ältesten germanischen Bezeichnungen lehren:
Tempel ist zugleich Wald. W. Golther[43]

Das Märchen vom Machandel-Boom

Die Germanen erlebten die sie umgebende Welt
als ein belebtes, durchseeltes, durchgeistetes
Universum, bevölkert von Wesen der verschie-
densten Art, nicht nur von Göttern, sondern auch von
Elfen, Riesen und Zwergen. Derartige Wesenheiten
konnten die Germanen als ein naturverbundenes Bau-
ernvolk ganz real erleben und erfahren als in der Natur
wirkende Geisteskräfte; heute gelten sie allerdings nur
noch als Fabelwesen. Riesen und Zwerge, Gnome und
Trolle, Nixen und Elfen begegnen uns nur noch in den
Märchenwelten, etwa in den von den Gebrüdern
Grimm gesammelten Volksmärchen oder – um ein modernes Beispiel zu nennen – in J. R. R. Tolkiens Trilogie
Der Herr der Ringe. Tatsächlich enthalten viele Märchen
altes germanisches Einweihungswissen.

Der Gedanke eines allbeseelten, von Naturgeistern
bewohnten Kosmos, im Märchen immer noch allgegen-
wärtig, hat in letzter Zeit wieder neue Geltung gewon-
nen. Immer mehr Menschen kommen in die Lage, ihr

Bewusstsein spirituell zu erweitern und mit den Naturgeistern in Verbindung zu treten; man denke doch nur an die Findhorn-Kommunität in Schottland. Das Bewusstsein des Menschen von der Natur und vom Weltganzen unterliegt einem Wandel, auch durch die Erkenntnisse der neuen Physik, die aufgezeigt hat, dass die Vorstellung von fester undurchdringlicher Materie eine Illusion ist. Mit der Ausweitung der menschlichen Erkenntnis zum Übersinnlichen hängt es zusammen, dass man auf alte Traditionen der Naturreligion und des Schamanismus zurückgreift, die sich als Träger zeitloser Weisheit erweisen. Dies gilt insbesondere für das germanische Einweihungswissen, das ein umfassendes System esoterischer Kosmologie darstellt.

Ein Märchen, in dem germanisches Einweihungswissen, besonders der Mythos vom Weltenbaum Yggdrasil, noch recht deutlich erkennbar weiterlebt, soll nun vorgestellt werden: das plattdeutsche Volksmärchen *Von dem Machandel-Boom* (Wacholderbaum), das von Phillip Otto Runge 1806 erstmals aufgezeichnet und später in die Grimm'sche Sammlung deutscher Märchen aufgenommen wurde (Nr. 47). Es erzählt von Tod und Wiedergeburt, von der Regeneration der Seele aus der Kraft des Lebensbaumes, von Schuld und Vergeltung. Der Hergang der Geschichte lässt Ähnlichkeiten mit den altägyptischen Isis- und Osiris-Mysterien erkennen, sodass man vermuten kann, dass ähnliche Todes- und Wiedergeburtsmysterien mit der nordgermanischen Weltenesche Yggdrasil verbunden waren.

Die nordische Isis heißt in dem plattdeutschen Märchen Marleenichen; und ihr Bruder, ein göttlicher Sonnenknabe, gleicht dem ägyptischen Osiris. Dieser wird von seiner bösen eifersüchtigen Stiefmutter (ein negativer Archetyp der Großen Mutter) heimtückisch getötet, ja noch mehr: Der Leichnam wird zerstückelt und das Fleisch zu einem Abendessen zubereitet; nur die Gebeine bleiben übrig. Und ahnungslos verzehrt die ganze Familie – der Vater, die Stiefmutter und Marleenichen, die Schwester – den Leib des getöteten Knaben: eines der grauenhaftesten Märchen, die in der Sammlung der Gebrüder Grimm überhaupt vorkommen! Nachdem die Schwester aber erfahren hatte, was geschah, weinte sie um den gemordeten Bruder, sammelte all seine Gebeine, verwahrte sie in einem seidenen Tuch; damit ging sie in den Garten und legte die Gebeine an den Fuß des wunderkräftigen Wacholderbaums, der dort stand: der Machandel-Boom, der Baum des ewigen Lebens und der Wiedergeburt. Derselbe Baum tritt uns in der germanischen Mythologie im Bild der Weltenesche Yggdrasil entgegen.

In dem Augenblick aber, da Marleenichen die Knochen des Bruders dem Machandel-Boom übereignet hatte, da geschah folgendes: Dampfwolken quollen aus dem Wunderbaum, der sich nun mächtig zu bewegen begann, eine gewaltige Feuergarbe strömte aus seiner Mitte, und dem Feuer entstieg ein wunderschöner Vogel, der hoch in die Luft flog und dabei mit menschlicher Stimme sang:

> Mein Mutter, der mich schlacht' –
> Mein Vater, der mich aß –
> Mein Schwester der Marleenichen –
> Sucht alle meine Beenichen –
> Und bind't sie in ein seiden Tuch –

Legt's unter den Machandelboom.
Kywitt! Kywitt!
Ach wat een schoin fagel bin ick.[44]

Der Vogel, der den Flammen des Machandel-Boom entstieg, der Seelenvogel des gemordeten Sonnenknaben, stellt seinen auferstandenen Seelenleib dar. Dass die Seele des Menschen in Vogelgestalt vorgestellt wird, kommt in der religiösen Symbolik recht häufig vor. In der ägyptischen Legende erscheint die Seele des getöteten Osiris als Vogel auf der Spitze des Weltenbaumes, und noch eine Darstellung des Martyriums Alberts von Prag aus dem Beginn des 12. Jahrhunderts zeigt den Leichnam des ermordeten Bischofs und daneben seinen Seelenvogel auf der Spitze eines Baumes, der sich deutlich erkennbar als Lebens- und Weltenbaum erweist. Im übrigen erinnert die Geschichte des hier erzählten plattdeutschen Märchens ziemlich an die vorderasiatischen Phönix-Mysterien: ein Vogel, der im Geäst des Weltenbaumes brütet, aber alle 500 Jahre aus Feuer und Asche wiedergeboren wird.

Und wie endet das Märchen vom Machandel-Boom? Der davongeflogene Vogel erwirbt als Dank für seinen Gesang eine goldene Halskette, ein Paar Schuhe und einen Mühlstein: die goldene Kette wirft er bei seiner Rückkehr ins Vaterhaus dem Vater um den Hals; die Schuhe schenkt er Marleenichen, aber den schweren Mühlstein wirft er auf die böse Stiefmutter herab, die durch das Gewicht zermalmt wird. Daraufhin strömt nochmals eine Feuergarbe aus dem Machandel-Boom, und aus dem Feuer tritt der Knabe – nun wieder in seiner alten Gestalt – hervor. Ob dieser Rückverwandlung sind alle recht vergnügt und gehen gemeinsam zum Abendessen. „Dass die Familie nach all dem Erlebten", schreibt Britta Verhagen, „sich einfach 'vergnügt' an den Tisch setzt und isst, wirkt, real genommen, zu unwahrscheinlich, um nicht Teil eines alten, formelhaften Mythenschlusses zu sein."[45]

Es handelt sich, mit anderen Worten, bei diesem plattdeutschen Volksmärchen eigentlich gar nicht um ein „Märchen", sondern um die mythisch-formelhafte Darstellung einer geheimen Mysterienhandlung, die mit dem Weltbaum-Weltstützer-Kult eng verbunden war und den Komplex von Tod und Wiedergeburt als zentrales Thema in den Mittelpunkt stellte. Denn Kulte und Einweihungen wie die altägyptischen Isis- und Osiris-Mysterien gab es, unter anderem Namen, wohl aber in derselben Gestalt, auch im europäischen Norden. Darauf weist auch Britta Verhagen in ihrem Buch *Götter Kulte und Bräuche der Nordgermanen* hin. „Man glaube nicht", schreibt sie dort, „dass im hohen Norden derartige Mysterien fremd gewesen seien. Die Edda zum Beispiel ist voll davon. Mehr als die Hälfte ihrer Lieder weisen sich deutlich als Einweihungsgut aus. 'Lernen sollst du....' heißt es immer wieder, Frage- und Antwortspiele zeigen, wie man das Götterwissen dem Adepten übermittelte (ein solches Frage- und Antwortspiel mythisch-mystischen Inhalts ist auch in der Bretagne aus druidischer Überlieferung erhalten)."[46]

Das Märchen vom Machandel-Boom weist auch Bezüge zum Odins-Mythos auf; denn für den germanischen Runen-Gott Odin war der Weltenbaum ein Ort der Regeneration, der Wiedergeburt und der mystischen Auferstehung. Machtvoll künden die Eddischen

Runenlieder vom Selbstopfer Odins, dem Hängen am windigen Baum: „Ich weiß, dass ich hing am windigen Baum, neun Nächte lang, (....) an jenem Baum, da jedem fremd, aus welcher Wurzel er wächst"[47]. Mit diesem Baum ist der kosmische All-Baum gemeint, der Himmel, Erde und Unterwelt miteinander verbindet: die Weltachse oder *axis mundi*, die auch der Grieche Platon kennt. Dieser sagt nämlich, dass die Erde „befestigt an der durch das Weltall hindurchgehenden Weltachse" sei (*Timaios* 40 c). Odin hängt also an der Weltachse, und nachdem er einen Schluck aus dem Dichermet Odrerir getan, wird ihm das Geheimnis der Runen offenbar. *Yggr* ist ein vielgebrauchter Name Odins, *drasil* ein Name für Pferd; das Hängen am Galgen wird aber als Reiten auf dem Pferd bezeichnet: somit heißt Yggdrasil wörtlich „Odins Galgen".

Yggdrasil als Einweihungsbaum

Ein ganzes Weltbild spannt sich am Ursymbol der Weltenesche Yggdrasil auf, und obgleich die Edda eigentlich aus der isländischen Skaldendichtung des Mittelalters hervorging, so stellt sie doch keine rein isländische Schöpfung dar, sondern es lebt und webt in diesen Eddischen Gesängen ein uraltes indoeuropäisch-germanisches Einweihungswissen, das in seinen ältesten Ursprüngen sicherlich bis in die Eiszeit zurückgeht. Yggdrasil, der heilige Baum Odins, umfasst alle neun Weltebenen: von der Unterwelt – dem Jenseits oder der Totenwelt – über das Mineralreich, das Elementarreich und die verschiedenen okkulten Naturreiche bis hinauf zur Ober- und Überwelt, den Reichen der Lichtelfen, der Vanen und der Asen. Die Asen thronen in Walhall

auf des Weltenbaumes Spitze, während das Reich der
Zwerge und die Totenwelt Hel unter den unergründlichen Wurzeltiefen Yggdrasils verborgen bleiben.

In dunkler geheimnisvoller Sprache drückt die germanische Seherin am Beginn der Edda die Inhalte einer
gewaltigen, alle Grenzen von Raum und Zeit über-
schreitenden Geistesschau aus:

> Eine Esche weiß ich, sie heißt Yggdrasil,
> Die hohe, benetzt mit hellem Nass;
> Von dort kommt der Tau, der in Täler fällt;
> Immergrün steht sie am Urdbrunnen.[48]

Yggdrasil als der kosmische Baum scheint eine Art
schamanischen Einweihungsbaum darzustellen, wie ihn
auch andere Naturvölker – etwa die Ureinwohner Zen-
tralsibiriens – kannten. Unter den Völkern Zentralasiens
galt indessen nicht die Esche, auch nicht die Eiche, sondern die in der Landschaft Eurasiens häufig vorkommende Birke als Symbol der Weltenachse. Der sibirische
Schamanenbaum verband ebenfalls Himmel, Erde und
Unterwelt, und der Einweihungsweg des Stammes-
priesters bestand darin, die ganze Höhe des Weltenbaumes zu erklimmen, von den Gefilden der Unterwelt
bis zu den höchsten Himmelsebenen aufzusteigen.

Der germanische Weg der Initiation sah ebenfalls
vor, die Weltenesche hochzusteigen und alle „neun
Welten", die ihr angeschlossen sind, zu durchwandern.
Hierbei handelt es sich um übersinnliche, teils feinstoff-
liche, teils astrale, teils rein geistige Seinsebenen, die der
Adept auf dem Wege der Astralwanderung zu durch-
reisen hatte.

Von den neun Welten, auch „neun Heimen", allesamt dem kosmischen Baum angeschlossen, geht in der
Edda immer wieder die Rede; schon ganz am Beginn
des *Völuspa*-Liedes, dieser großartigen germanisch-is-
ländischen Visionsdichtung aus dem hohen Mittelalter,
sagt die Seherin:

> Weiß von Riesen, weiland geboren,
> Die einstmals mich auferzogen;
> Weiß neun Heime, neun Weltreiche,
> Des hehren Weltbaums Wurzeltiefen.[49]

Ja, auch der in alle Weisheit und Runenkunde eingeweihte Riese Wafthrudnir bekennt, dass er seine
Weisheit nur erlangt habe, indem er zu „neun Heimen"
gezogen sei, vom Jenseits bis zur Götterwelt: „Der Rater
und Riesen Runenkunde kann ich weisen fürwahr",
sagt er in Strophe 43 des Wafthrudnirliedes, „da ich alle
neun Heime durchwallt; zog zu neun Heimen bis Nifel-
hel nieder, wo der Gestorbenen Stätte ist".

Weil der Riese Wafthrudnir alle „neun Heime"
durchzogen hat, konnte er ein Runenkundiger, das
heißt: ein Mysterien-Eingeweihter werden. Und gleich
dem sibirischen Schamanen, der seinen Astralkörper
auf weitausgedehnte Jenseitsreisen aussandte, während
der physische Körper in einem totenähnlichen Schlaf
daniederlag, musste der germanische Adept der Runen-
Einweihung eine ganze Kette von Jenseitswelten durchwandern, nicht nur das Totenreich und das Zwergen-
reich, sondern auch die Elementarreiche, das Elfenreich
und zuletzt die Reiche der Unsterblichen, der Götter.
Die neun Reiche bestehen aus drei Triaden; denn drei
Reiche befinden sich in der Unterwelt (und zwar *Hel-*

heim, Schwarzalfenheim, Jötunheim), drei in der Oberwelt (*Nifelheim, Midgard, Muspellheim*) und drei in der Überwelt (*Vanheim, Alfheim, Asgard*). Die Weltenesche Yggdrasil will als Symbol aufzeigen, dass Mensch, Erde und Kosmos eine untrennbare Einheit und Zusammengehörigkeit bilden.

Der kosmische Baum ist allumfassend und allverbindend: Seine drei Wurzeln finden ihren Ankergrund im urkalten Nifelheim, im Riesenland Jötunheim und in

Midgard, der von Menschen bewohnten Welt; sein Stamm ragt himmelwärts hoch in den Äther, und seine weitverzweigte Krone beherbergt die Reiche der Elfen und der Vanen; auf der höchsten Gipfelhöhe aber thront Asgard, die Heimstatt der Asen mit ihrer alles überragenden Götterburg Walhall.

Unter jeder der drei Wurzeln Yggdrasils entspringt ein Brunnen: In Nifelheim befindet sich Hwergelmir, der Quellborn allen Wassers, in Midgard der Nornen- oder Urdbrunnen, und in Jötunheim quillt Mimirs Brunnen, der ewige Weisheit gewährt. Gespeist werden die Brunnen von dem Tau, der von den Wipfelzweigen Yggdrasils herabfällt. So stellt die Weltenesche Yggdrasil ein in sich geschlossenes ökologisches System dar.

Als Weltachse und Stützpfeiler des gesamten Weltgebäudes wird Yggdrasil immer wieder zum Schauplatz eines Kampfes zwischen lichten und finsteren Weltmächten. Böse Hirsche fressen am Stamm und im Wipfelwald die jungen Triebe ab; und an der Wurzel in Nifelheim nagt der Drache Nidhöggr. Er liegt im Streit mit dem göttlichen Adler, der auf dem Gipfel nistet. Der Adler und der Drache werfen sich Schimpfworte zu, die von einem ständig auf- und ablaufenden flinken Eichhörnchen namens Ratatosk übermittelt werden. Die Hirsche und der Drache sind Widersachermächte, die beständig an der Zerstörung des Weltenbaumes arbeiten. Diesbezüglich lesen wir in der Edda:

> Die Esche Yggdrasil
> Muss Unbill leiden
> Mehr als man meint:
> Der Hirsch äst den Wipfel,

Die Wurzeln nagt Nidhögg,
An den Flanken Fäulnis frisst.[50]

Aber solange die zerstörenden und die aufbauenden
Kräfte sich ausgleichen, bleibt die Welt erhalten. Durch
den Kampf gegensätzlicher Mächte bildet sie in sich ein
dynamisches Gleichgewicht. Erst am Jüngsten Tag, Ragnarökk in der Sprache der Edda, wird – so die germanische Prophezeiung – das ganze Weltgebäude zusam-
menstürzen; ächzend wird die gewaltige Weltenesche
niederbrechen – das Ende der Welt:

Yggdrasils Stamm steht erzitternd,
Es rauscht der Baumgreis;
Der Riese kommt los.
Alles erbebt in der Unterwelt,
Bis der Bruder Surts
Den Baum verschlingt.[51]

Aber: Aus dem Chaos entsteht wieder eine neue
Schöpfung, ein neuer Himmel und eine neue Erde; denn
alles Weltgeschehen vollzieht sich nach germanischer
Anschauung in großen, nie endenden Zyklen. Mit der
Erschaffung der neuen Welt wird auch wieder ein neuer
Weltenbaum ergrünen, ein Beweis für die ewig sich er-
neuernde Gestaltungskraft der Schöpfung.

Leicht variiert wird das Bild des immergrünen Weltenbaumes im Motiv der Weltensäule, die in älteste Zeiten zurückgeht: die Menhire der europäischen Vorge-
schichte stellen wie später die ägyptischen Obelisken
die Weltensäule dar, ja der Philosoph Platon berichtet
sogar, dass im einst untergegangenen Inselreich Atlan-

tis eine große, die Weltachse symbolisierende Kultsäule gestanden habe (*Kritias* 119 d). Die Germanen kannten noch in der Zeit der Sachsenkriege eine Verehrung der Weltsäule, der Irminsul. Der Mönch Rudolf von Fulda berichtet uns im Jahre 865 über die Bräuche der heidnischen Sachsen: „Laubreichen Bäumen und Quellen brachten sie Verehrung dar. Sie verehrten auch einen Baumstamm von nicht geringer Größe, der hoch hinauf unter freiem Himmel aufgerichtet war. In der Sprache ihrer Väter nannten sie ihn *Irminsul*; lateinisch bedeutet das die *Allsäule*, da sie gleichsam alles stützt."[52]

Die Weltenesche Yggdrasil ist kein bloßes Phantasieprodukt, sondern ein geistiges Wahrbild – der Baum des ewigen Lebens, der die Reiche der Materie mit denen der Transzendenz verbindet: ein universales Heilssymbol, das die Einheit eines als lebendigen Organismus aufgefassten Universums ausdrückt.

Germanische Baum- und Waldverehrung

Der Mythos von der Weltenesche Yggdrasil kommt zwar aus dem fernen Island, aber er kann seinen Ursprung nur in einem Volk haben, das inmitten dichtbewachsener Urwälder gelebt hat – die Germanen Mitteleuropas. Der Wald hat den Ureinwohnern Deutschlands stets als etwas Heiliges und Numinoses gegolten; und die Menschen sahen ihn angefüllt von einer Schar geisterhafter Wesen, die bald elbisch, bald riesisch, je nach den örtlichen Umständen, erschienen: im hochstämmigen Bergwald mochten mehr Riesen hausen, im lichten, freundlichen, sonnen- und mondbeglänzten Hain mochten eher Elben ihr Wesen treiben. Noch in späteren Volkssagen wird von *Wichten, Schratten, Wald-*

männlein und *Elben* gesprochen – der Nachklang einer einstigen Baum- und Waldverehrung der Germanen.

Dass im altgermanischen Heidentum die ganze Natur als lebendig-beseelt erlebt wurde, drückt in prägnanten Bildern die Eddische Mythe von Baldr aus: Um dem geliebten Gott Baldr alle drohende Gefahr abzuwenden, nahm Frigg Eide von Wasser, Feuer, Erde, Steinen, Gewächsen, Tieren, Vögeln, Gewürm, die alle als persönliche Wesen gedacht waren; ja selbst den als Personen gedachten Seuchen wurden Eide genommen, dass sie Baldr schonen sollten, nur einem einzigen Strauch wurde der Eidesschwur erlassen, der Mistel. Sie wird Baldr später den Tod bringen, indem der blinde Hönir mit einem Mistelzweig nach ihm zielt; und um den toten Baldr weinen hernach alle Geschöpfe, Menschen, Tiere, Pflanzen, Steine. Aus einer solchen Naturreligion ging letztlich auch die Verehrung von heiligen Bäumen hervor.

Unter den geheiligten Bäumen, die im Mittelalter gewöhnlich noch mit *Frau* (und dann der Name des Baumes) angeredet wurden, steht natürlich an oberster Stelle die Eiche. Als ein besonders hoher und im Gewitter die Blitze anziehender Baum war sie dem Blitz- und Donnergott Thor geweiht. Die Buche diente besonders zum Schnitzen von Losen; das Losorakel – die Rune – wurde in Buchenholzstäbe geritzt: daher noch unser heutiges Wort Buchstabe. Esche und Ulme waren ebenfalls geheiligt, denn nach dem Weltschöpfungsmythos der Germanen war das erste Menschenpaar aus solcherlei Gehölz geformt: *askr* aus Eschenholz und *embla* aus dem Holz der Ulme. Auch die Verehrung des Haselnussstrauchs ist bezeugt. Im Volkslied werden oft mit

„Frau Hasel" Gespräche geführt, und die Haseln dienten auch dazu, das Gericht einzuhegen. Nach dem *Östgötalag* durfte im gemeinen Wald jeder Baum gehauen werden, außer Eiche und Hasel, die durften nicht gefällt werden.

Ähnliches wird vom Wacholderbaum gesagt. In Sudermannland, so erzählt eine Sage, war einmal ein Knecht eben im Begriff, einen schönen schattenreichen Wacholder abzuschlagen, als eine Stimme ertönte: *„Hau den Wacholder nicht!"* Er kümmerte sich nicht um die Warnung und wollte von neuem schlagen, da rief die Stimme noch einmal: *„Ich sage dir, hau den Baum nicht ab!"* Erschrocken ließ der Knecht von dem Baum ab und entfernte sich. Anderswo hat die Sage noch den Zusatz, dass nach dem zweiten Schlag Blut aus der Wurzel zu fließen begann; aber der Knecht fing bald nach seiner Heimkehr an, siech zu werden. Einzelnen Elben, Wald- und Baumgeistern sind solche Bäume wohl geheiligt gewesen. Aber nicht nur einzelne Bäume werden den Elfen beigelegt, sondern auch ganze Baumgruppen und Haine, an deren Pflege sie Freude und Wohlgefallen haben, wie etwa auch Laurins durch einen Seidenfaden eingehegter Rosengarten zeigt. In Schweden hießen solche von Elfen gehegten Gärten *Elfträdgardar*.

Der Wald wurde von den germanischen Völkern seit ältester Zeit als Stätte der Gottesverehrung angesehen; ja man kann geradezu sagen: Wald und Tempel bedeuteten ursprünglich dasselbe. Berichtet doch schon Tacitus vom Hain der Semnonen: „Zu bestimmter Zeit treffen sie sich in einem Hain, der durch Weihen der Väter und uralte fromme Scheu geheiligt ist: alle Teilstämme aus gleichem Blute schicken Abordnungen, und dann feiern sie nach der Opferung eines Menschen von Staats wegen die schaurigen Weihen ihres rohen Kultes. (....) Dieser ganze Aberglaube geht auf die Vorstellung zurück, dass von diesem Hain das Volk seinen Ausgang genommen habe, dass dort der Gott wohne, der über alles herrsche, und dass alles sonst ihm unterworfen und zu Gehorsam verpflichtet sei."[53] Von einem anderen Hain wird bei Tacitus berichtet, wo die Göttin Nerthus verehrt wurde, die angeblich auch Menschenopfer verlangte. Diesem Ammenmärchen braucht indes nicht unbedingt Glauben geschenkt zu werden. Tacitus kannte die Religion der Germanen nur vom Hörensagen. Alles, was er wusste, verdankte er den Erzählungen reisender Kaufleute.

Lange noch, selbst nach der Einführung des Christentums, dauerte die Verehrung von Göttern in heiligen Hainen fort, nicht nur bei den Germanen, sondern auch im slawischen, preußischen, finnischen und keltischen Heidentum. Dietmar von Merseburg erzählt, dass sein Vorfahr, Wigbert, etwa um das Jahr 1008 einen Hain der Slawen ausrottete, der *Zutibore* geheißen haben soll. Zutibore heißt heute *Svetibor*, heiliger Forst (von *bor*, Föhre oder Föhrenwald). Bischof Unwan von Bremen ließ am Anfang des 11. Jahrhunderts an abgelegenen Orten seines Sprengels solche Wälder, in denen noch den alten Göttern geopfert wurde, abholzen. Die *Irminsul*, die Kultsäule der heidnischen Sachsen, die unweit Eresburg in Westphalen stand, ließ Karl der Große im Jahre 772 niederwerfen. Das Vordringen des Christentums in Europa war immer auch ein Kampf gegen den Großen Wald und seine heiligen Bäume.

Manche Ortsnamen lassen freilich noch das Vorhandensein einstiger Haine erkennen; Urkunden sprechen zum Beispiel von *Heiligenforst* bei Straßburg, *Heiligenloh* im Hoyaschen, *Heiligeloh* bei Alkmaar in Holland, *Heiligenholtz* bei Zwiefalten, *Halahtre* in Westphalen – diese Namen bewahren noch das Andenken heidnischer Götterwälder, die einstmals dem Dienst der Götter geweiht waren, später aber dem Vordringen des Christentums zum Opfer fielen.

Das Märchen vom Wunderbaum

„Eines Tages wuchs ein seltsamer Baum aus der Erde hervor", so erzählt ein österreichisches Volksmärchen, das *Märchen vom Wunderbaum*[54], „ohne dass jemand einen Samen gelegt hätte. Er wuchs so rasch, dass er in wenigen Tagen die Höhe eines Turmes erreichte, und schon nach einigen Wochen verlor sich der Wipfel in den Wolken. Die Dorfbewohner wollten gern wissen, wie es droben aussehe, aber lange getraute sich niemand, den Baum zu erklettern." Es lebte aber in jenem Dorfe ein Bauer, der drei Söhne hatte, von denen einer als so dumm galt, dass man ihn den dummen Hansl nannte. Und mit der Zeit gab es immer mehr junge Leute aus dem Dorf, die es wagten, den Wunderbaum zu besteigen, aber alle scheiterten: entweder sie stürzten herab oder sie kehrten nie mehr zurück von ihrem gefahrvollen Aufstieg.

Zuletzt meldete sich der Hansl für den Aufstieg; er verlangte zwölf Paar hölzerne Schuhe, Proviant und eine bleierne Hacke. Dann kletterte er hinauf. Von Zeit zu Zeit warf er ein nicht mehr gebrauchtes Paar Schuhe herunter, und je höher er stieg, desto heftiger prallten die Schuhe unten am Boden auf. „Wie ist's nun wohl dem Hansl ergangen? Er war schon einige Tage geklettert, als er eines Abends im Baume eine Höhle fand, aus der ein Licht schimmerte. Er trat ein und traf eine hässliche Alte, die ihn freundlich aufnahm, ein gutes Nachtmahl zurichtete und ihm auch eine Liegestatt bereitete. Als Hansl gegessen hatte, fragte er, wie weit es noch bis zum Gipfel wäre. ‚Mein lieber Hansl', sagte sie, da hast du es noch weit. Ich bin erst der Montag, du musst noch zum Dienstag, zum Mittwoch und weiter bis zum Samstag kommen, und wenn du über diesen hinaus bist, dann wirst du schon sehen, was kommt.'"

Und so stieg Hansl weiter hoch; er stattete auch dem Dienstag, dem Mittwoch, Donnerstag, Freitag und Samstag je einen Besuch ab: allesamt hässliche Hexen, die in Baumhöhlen wohnten. Über die letzte Etappe seiner Reise berichtet das Volksmärchen folgendes: „Am liebsten wäre er nicht mehr weitergeklettert, aber umkehren wollte er so hoch oben nicht und so stieg er doch noch fort. Bald kam er an eine steinerne Wand, in die der Baumstamm verwachsen war. Er fand eine kleine Tür, öffnete sie und trat auf eine große Wiese. Hier fiel er wie betäubt nieder. Als er wieder zu sich kam, lag vor ihm eine goldene Stadt, über der schwebte ein so starkes Licht, dass es seine Augen schier nicht vertragen konnten. Neben ihm lag seine Hacke, die hatte einen goldenen Stiel bekommen. Der Wipfel des Baumes trug goldene Früchte, und auf der Wiese sprangen goldene Tiere umher. Hansl glaubte, im Himmel zu sein und wollte bleiben. Andere aber sagen, dass er wieder heruntergeklettert sei und ihnen alles erzählt habe."

Ein seltsames Märchen, dieses österreichische Volksmärchen vom Wunderbaum! Zweifellos wird in ihm,
wie in dem plattdeutschen Märchen vom Machandel-
Boom, ein naturreligiös-schamanischer Einweihungweg
geschildert, dessen zentraler Inhalt das Besteigen des
immergrünen Weltenbaumes darstellt. Aber beide Märchen berichten durchaus Unterschiedliches: Während
der kosmische Baum im ersten Märchen vor allem als
Sinnbild für Regeneration und Wiedergeburt steht, wird
er hier als Ort einer Seelen- oder Astralreise geschildert,
die den Initianden längs der Weltachse durch verschiedene okkulte Naturreiche führt, bis zur goldenen Stadt
im Wipfelwald, die eine Vision der germanischen Göt-
terstadt Asgard sein könnte. Aber der österreichische
Wunderbaum muss nicht unbedingt die Weltensche
Yggdrasil bedeuten. Der kosmische Baum erweist sich
vielmehr als ein Archetyp, ein Urbild in den Tiefen der
menschlichen Seele, das im kollektiven Unbewussten
der ganzen Menschheit ruht.

Der Maibaum – ein alter heidnischer Kult

Den Überrest einer alten heidnischen Baumverehrung
sehen wir in der Sitte, im Dorf einen Maibaum aufzustellen und ihn kultisch zu umtanzen – eine Sitte, der
wir nicht nur im gesamten deutschen Sprachraum begegnen, sondern auch in Frankreich, England, Russ-
land, Schweden, Dänemark, bei den Wenden, Esten und
Cirkassiern, ja selbst in Mexiko, Indien und Afrika. Das
älteste deutsche Zeugnis für diesen Brauch aus dem
Jahr 1225 stammt aus Aachen. Der Maibaum wurde
üblicherweise am 1. Mai aufgestellt, er erscheint biswei-
len aber auch an anderen festlichen Tagen: zu Pfingsten,

zu Johanni, am Gregoriustag, dem 12. März, auch zu
Lichtmess und in der Neujahrsnacht. Möglicherweise
handelt es sich um ein uraltes Baum-Kalendersystem,
zu dem auch der zu Mittwinter aufgestellte Weihnachtsbaum gehört.

Der Ausdruck „Maie" für den Maibaum leitet sich
zwar vom Monat Mai her, ist jedoch nicht allzu eng an
eine bestimmte Zeit gebunden. Man spricht auch vom
Brautmai, Richtmai, Erntemai, und immer erscheint der
Kultbaum als ein Symbol für Glück und Fruchtbarkeit.
Dennoch scheint der Maibaum des europäischen Volks-
brauchtums in erster Linie mit einem Frühlingsfest verbunden gewesen zu sein. Dazu gehört auch, wie oft bei
Frühlingsfesten der Fall, die Wahl eines symbolischen
Brautpaares, das als Mai- oder Pfingstbraut und –
bräutigam, als Mai- oder Pfingstkönig und –königin,
Maigraf und –gräfin, in England als *Lord and Lady of the
May* bezeichnet wurde. Das Maipaar kommt in England
noch häufiger vor als in Deutschland oder Frankreich.
Durch dieses Paar, das als menschliches Seitenstück
zum Maibaum fungiert, soll die Fruchtbarkeit der Natur
verkörpert und durch eine Art Analogiezauber der Gemeinde übermittelt werden.

Ein ähnlicher Zauber wird durch den Volksbrauch
bewirkt, Häuser und Ställe zum Schutz gegen Krankhei-
ten und böse Geister mit einzelnen Zweigen des Maibaums zu versehen. Diese Sitte war schon im grie-
chisch-römischen Altertum üblich; sie wirkt auch nach
in jenem Mistelzweig, der in England anstelle des
Weihnachtsbaumes benutzt wird. Der Zweig galt wohl
als Repräsentant des Baumgeistes, der seine heilende
und schutzbringende Wirkung dort entfaltet, wo man

den Zweig aufhängt. Es ist der Zweck dieses Brauches, jedem Haus die Segnung zu bringen, die der Baumgeist insgesamt zu verleihen vermag. Sir Henry Piers sagt in seiner *Beschreibung von Westmeath* aus dem Jahr 1682: „Am Vorabend des 1. Mai stellt jede Familie vor ihrer Tür einen grünen Busch auf, der mit gelben Blumen bestreut ist, welche die Wiesen in üppiger Fülle hervorbringen. In Gegenden, wo es viele Bäume gibt, stellen sie hohe, schlanke Bäume auf, die hoch stehen, und diese halten fast das ganze Jahr, so dass ein Fremder leicht glauben könnte, es seien alles Zeichen von Gastwirten, und alle Häuser seine Wirtshäuser."[55]

Für das Einholen des Grüns wurde der Ausdruck „den Mai suchen" gebraucht. Im Norden Englands war es Brauch, dass junge Leute schon kurz nach Mitternacht in den Wald gingen, um dort Zweige zu brechen, die über den Türen und Fenstern der Häuser aufgehängt werden sollten. Zu Abingdon in Berkshire kamen die jungen Leute am frühen Morgen des 1. Mai mit Zweigen aus dem Wald zurück und sangen dabei ein Lied mit folgenden Versen:

> Die ganze Nacht durchschwärmten wir
> Und noch vom Tag ein Stück,
> Mit Maienkränzen in der Hand,
> So kehren wir zurück.
> Ein Maikranz sei gewunden fein
> Euch an die Tür gehängt,
> Es ist ein frischgegrünter Spross,
> Vom Herrgott uns geschenkt.[56]

Das Einholen des Maibaums war eine Angelegenheit der ganzen Gemeinde. Gewöhnlich nahm man eine Tanne oder Birke; diese wurde im Wald unter Hersagung alter Sprüche und unter besonderen Bräuchen gefällt, sodann wurde der Stamm geschält („damit die Hexen sich nicht unter der Rinde festsetzen"), allerdings bis auf den Wipfel, der quasi als Repräsentant der Fruchtbarkeit des Baumes stehen blieb. Noch vor Sonnenaufgang wurde der geschälte Stamm zum Dorf gebracht – von Ochsen gezogen, oft auch von Männern getragen; im Rheinland trugen ihn oft hundert Burschen auf ihren Schultern. Da erinnert man sich an eine Darstellung auf dem keltischen *Silberkessel von Gundestrup* (1. Jhrdt. v. Chr.), die deutlich zeigt, wie solch ein geschälter Baumstamm von einer Anzahl Menschen auf den Schultern herbeigetragen wird. Man könnte fragen, ob die Sitte des Maibaums nicht vielleicht keltischen Ursprungs ist, ob sie gar in Zusammenhang steht mit einem uralten Baum-Kalendersystem der Kelten, dessen Bedeutung den Menschen der späteren Zeit freilich völlig verloren gegangen war.

Der puritanische Schriftsteller Phillip Stubbes beschreibt in seiner 1583 erschienenen *Anatomie der Miss-*

bräuche, wie man im „Merry Old England" in den Tagen der Königin Elisabeth den Dorfmaibaum einzuholen pflegte: „Im Mai, zu Pfingsten oder einer anderen Zeit laufen alle jungen Burschen und Mädchen, alten Männer und Weiber nachts in Wälder, Haine, Hügel und Berge, wo sie die Nacht bei angenehmer Kurzweil verbringen. Des Morgens kehren sie zurück mit Birkenbäumen und Zweigen, um ihre Zusammenkünfte zu verschönen. (....) Aber der größte Schatz, den sie von dort mitbringen, ist ihr Maipfahl, den sie voller Ehrfurcht auf folgende Weise heimtragen: sie haben zwanzig oder vierzig Joch Ochsen, von denen jeder einen süßduftenden Strauß an die Hörner gebunden bekommt, und diese Ochsen ziehen den Maipfahl (vielmehr dieses stinkende Götzenbild), das über und über mit Blumen und Gräsern bedeckt, mit Schnüren umwunden und manchmal in verschiedenen Farben bemalt ist, nach Hause. Zwei- bis dreihundert Männer, Frauen und Kinder folgen in tiefer Ehrfurcht."[57]

Der Maibaum, im Dorf aufgestellt, wurde umtanzt; Burschen kletterten wetteifernd an ihm empor, auch Wettläufe und Pferderennen um den Baum herum fanden wohl statt. Das Klettern und der Lauf betonen die Absicht, den „Sommer zu gewinnen" und die segensreiche Heilkraft des Sommers sich in kraftvoller Weise anzueignen. Wer beim Hochklettern den grünen Wipfel des Maibaums abbricht, ist der Held des Tages und wird zum Tanz in die Schenke getragen; er ist gleichsam der „Sommerkönig", wie er in alten heidnischen Kulten vorkommt. Auch die Liebe der Geschlechter wird in dieses lenzhafte Treiben miteinbezogen; unser puritanischer Schriftsteller aus dem alten England berichtet entsetzt über die Ausgelassenheit beim Einholen des Maibaums, und er verrät uns, „dass von vierzig, sechzig oder hundert Mädchen, die über Nacht in den Wald gehen, kaum ein Drittel makellos zurückkehren"[58]

Was geschieht mit dem Maibaum nach der Umtanzung? In manchen Gegenden wurde er noch am Tage seiner Errichtung wieder gestürzt; für das Fällen wurde Bier auf die Säge gegossen. Bei den Wenden in der Lausitz blieb er bis zum Pfingst- oder Himmelfahrtstag stehen, an anderen Orten noch länger, ja das ganze Jahr über. In Questenburg im Harz wurde der Kultbaum jedes Jahr neu aufgestellt, im Chiemgau und im Inntal wird er alle 5 bis 7 Jahre erneuert, anderswo bleibt er so lange stehen, bis er von allein umfällt. Im Frankreich des 17. Jahrhunderts galt es jedoch als böses Omen, wenn der Maibaum umstürzte. In den Hoch-Pyrennäen bewahrte man den am 1. Mai aufgestellten Baum bis zum 24. Juni auf, dann aber wurde er verbrannt, indem er als Nahrung des Sonnwendfeuers diente. Beim Verbrennen des Maibaums könnte man auch an einen *Sonnenzauber* denken.

Libussa – die Geschichte einer Dryade

In dem tschechischen Volksmärchen *Libussa*, das uns erstmals in deutscher Sprache von Johann Karl August Musäus in seinen *Volksmärchen der Deutschen* (1782–86) überliefert wurde, wird uns ein Dryadenvolk vorgeführt, das tief im Inneren des Böhmerwaldes wohnt, ungestört von den Übergriffen des Menschen. Musäus beschreibt diese in ihren uralten Eichen lebenden Nymphen mit folgenden Worten: „Tief im Böhmer Walde, wovon jetzt nur ein Schatten übrig ist, wohnte vor Zeiten, da er sich noch weit und breit ins Land erstreckte, ein geistiges Völklein, lichtscheu und luftig, auch unkörperlich, feiner genaturt als die aus fettem Ton geformte Menschheit und darum unempfindbar dem gröbern Gefühlssinn, aber dem verfeinerten halbsichtbar bei Mondenlicht und wohlbekannt den Dichtern unter dem Namen der Dryaden und den alten Barden unter dem Namen der Elfen. Seit undenklichen Zeiten hatten sie hier ihr Wesen ungestört, bis der Wald plötzlich von lautem Kriegsgetümmel ertönte. Herzog Czech von Ungerland brach mit seinen slawischen Horden über die Gebürge herein, um sich in diesen unwirtlichen Gegenden einen neuen Wohnplatz zu suchen."[59]

Herzog Czech gilt als der legendäre Stammvater der Tschechen, der einst sein Volk aus dem Gebiet zwischen oberer Weichsel und mittlerem Dnepr führte, um neues, fruchtbares Land zu suchen, das er im Jahre 644 n. Chr. vom Berg Rip aus erblickte – das heutige Tschechien. Das idyllische Reservat der Baumgeister ist somit in seiner Existenz bedroht. Unerbittlich dringt die Zivilisation vor, und sie schiebt eine Schneise der Verwüstung vor sich her. Die Waldgeister, Nymphen, Dryaden, aufgeschreckt in ihrer Ruhe und ihres Wohnraums bald völlig beraubt, treten den Exodus an, bis auf eine Ausnahme: „Nur eine der Elfen konnte sich nicht entschließen, von ihrer Lieblingseiche zu scheiden, und als der Wald da und dort umgehauen wurde, um das Land urbar zu machen, hatte sie allein den Mut, ihren Baum gegen die Gewalt der neuen Ankömmlinge zu verteidigen, und wählte den emporragenden Wipfel zu ihrem Aufenthalte."[60]

Nun befand sich im Gefolge des Herzogs Czech ein junger Knappe namens Krokus, der den Dryaden-Wald nur dazu nutzte, dort seine Pferde zu hüten. Oft ruhte er unter dem von der Nymphe bewohnten Eichbaum, ohne zunächst noch zu ahnen, in wessen Nachbarschaft er sich befand. Doch die Nymphe versäumt nicht, mit ihm Kontakt aufzunehmen: „Sie bemerkte den Fremdling mit Wohlgefallen, und wenn er zur Nachtzeit unten an der Wurzel schlummerte, flüsterte sie ihm angenehme Träume ins Ohr, verkündete ihm in bedeutsamen Bildern die Begegnisse des künftigen Tages; oder wenn sich irgendein Pferd in die Wildnis verlaufen hatte und der Hüter die Spur verloren hatte, es aufzusuchen, und mit Kummer einschlief, sah er im Traume die Merkzeichen des verborgenen Pfades, welcher zu dem Orte führte, wo der verirrte Gaul weidete."[61]

Zuletzt zeigt sie sich dem erstaunten Krokus auch in menschlicher Gestalt – als ein schemenhaftes, transparentes, junges Mädchen, mehr noch eine Lichtgestalt als ein voll verkörpertes Wesen. Sie redete den Krokus an und ersuchte ihn, ihren Eichbaum gegen die Angriffe äußerer Feinde zu verteidigen. Krokus sagte zu, und so wurde er zum Hüter der heiligen Eiche, mit der er im Laufe der Zeit in immer engere Lebensgemeinschaft trat. So ließ er sich aus dem Heeresdienst entlassen und erbaute sich am Fuße der Eiche eine Einsiedelei, in der er jetzt dauerhaft wohnte: er hatte sein Schicksal ganz mit dem des Großen Waldes verbunden.

Im Laufe der Zeit wurde auch sein Kontakt zu der geheimnisvollen Dryadenfrau immer intensiver: „Die Elfe unterließ nie, jeden Abend im Zwielichten ihm einen Besuch zu machen, erfreute sich über den Gewinn seines Fleißes, lustwandelte mit ihm Hand in Hand am schilfreichen Gestade des Weihers auf und ab, und der bewegliche Schilf flötete dem traulichen Paare einen melodischen Abendgruß zu, wenn es die Luft durchsäuselte. Sie unterwies ihren horchsamen Lehrjünger in den Geheimnissen der Natur, unterrichtete ihn von dem Ursprung und dem Wesen der Dinge, lehrte ihn die natürlichen und magischen Eigenschaften und Wirkungen derselben und bildete den rohen Kriegsmann zu einem Denker und Weltweisen um."[62]

So wurde Krokus zuletzt zu einem Geweihten der Wälder; Seherkraft und magische Fähigkeiten wurden ihm zuteil. Im Laufe der Unterweisungen kam es allerdings auch dazu, dass die Nymphe des Eichbaums, je mehr sie sich mit der Person des Krokus verband, immer dichtstofflicher, physischer, körperlicher wurde, bis sie sich am Ende von einer Frau aus Fleisch und Blut nicht mehr unterschied. Ganz und gar Mensch geworden, ohne dabei jedoch ihre ursprüngliche Dryaden-Natur aufzugeben, schenkte sie dem Krokus drei Töchter. Sie hießen *Bela*, *Therba* und *Libussa*.

Libussa (tschechisch *Libuše*) gilt als die mythische Stammmutter der Premysliden-Dynastie in Böhmen. Die erste schriftliche Überlieferung über sie liegt in der *Christianslegende* vor, die 992–94 wohl im Kloster Brevnov entstand. Auch die *Chronica Boehmorum* des Cosmas von Prag aus dem 12. Jahrhundert nennt eine Libuse als Tochter des Richters Krok (Krokus) und jüngere Schwester der Heilkundigen Kazi und der Priesterin Teta (Bela und Therba). Wir haben es hier mit Überlieferungen zu tun, die tief in die Welt des böhmisch-tschechischen Heidentums hinabreichen.

Was den mythischen Gehalt der Erzählung betrifft, so gibt es Parallelen in der skandinavischen und keltischen Mythologie. Die Vorstellung einer Ehe zwischen einem Menschen und einer Nymphe, aus der auch Kinder hervorgehen können, entspringt der indogermanischen Tradition und ist dort weit verbreitet. Die römische Mythologie berichtet uns von *Numa Pompilius* und seiner Ehe mit der Nymphe *Egeria*, die ihm auch esoterisches Wissen vermittelte; die keltischen Märchen erzählen immer wieder von Ehen zwischen Menschen und Feen. Und noch ein moderner Mythenschöpfer wie J. R. R. Tolkien hat dieses Motiv ausgestaltet in seiner Romance von *Aragorn und Arwen* – die Geschichte einer leidenschaftlich-tragischen Beziehung zwischen einem Sterblichen und einer Elfenkönigin.

Ganz eindeutig liegt dem tschechischen Volksmärchen von Libussa ein slawischer Baumkult zugrunde. Dass es einen solchen gab, darüber besteht kein Zweifel. Zdeněk Váňa hat in seinem Standardwerk über slawische Mythologie darauf hingewiesen: „Die Verehrung der Bäume war ein untrennbarer Bestandteil des slawischen Heidentums. Die Quellen bezeugen sie für alle slawischen Gegenden (....). Der Kult betraf allerdings nicht alle Bäume, sondern nur diejenigen, in denen eine geistige Wesenheit wohnte, mochte sie göttlichen, dämonischen oder menschlichen Ursprungs sein. Meistens handelte es sich um alte, hohle oder durch besondere Formen auffällige Bäume."[63]

Der kabbalistische Lebensbaum

Die ganze Schöpfung gleicht einem Baume,
der nur aus seinen Wurzeln lebt;
also leben alle Kreaturen
nur aus der ‚Ursache aller Ursachen',
welche die allbelebende Wurzel ist.
Reschith Chochmah, Schaar I [64]

Vorderasiatische Baumkulte

D ie Kulturgeschichte nicht nur Mittel- und West-
europas, des Kelten- und Germanentums, des
europäischen Nordens und der gesamten slawischen Welt, sondern auch des Vorderen Orients kennt
eine Fülle von Baumkulten und –symboliken, seien sie
nun kleinasiatischer, syrischer, ägyptischer oder meso-
potamischer Herkunft. Der Vordere Orient, einstmals
der „fruchtbare Halbmond", der die Schwemmtäler des
Nil, Euphrat und Tigris bis hin zum Indus umfasste, gilt
als Heimstätte der ältesten Menschheits-Kulturen, besonders auch als Urheimat des Judentums. Denn Abraham als der Stammvater aller Juden stammte aus Ur in
Chaldäa, also aus dem Zweistromland. Lange Zeit lebten die Juden als Gefangene des Pharao in Ägypten,
und Moses führte sie schließlich in das „gelobte Land"
Kanaan. Im Wurzelboden jüdischer Mystik gründet
denn auch die Mythe vom kabbalistischen Lebensbaum,
der ähnlich der Weltenesche Yggdrasil in der nordgermanischen Edda ein umfassendes System esoterischer
Kosmologie darstellt.

Die Mythe vom kabbalistischen Lebensbaum, auch

Sephirothbaum genannt, wie sie in den geheimen Traditionen jüdischer Mystik – der Kabbalah – dargestellt wird, muss als Frucht uralter vorderasiatischer Baum- und Fruchtbarkeitskulte gesehen werden. Diese, die sich meist um die Symbolgestalt der Großen Muttergottheit ranken, gehen zum Teil bis auf die Zeit der Sumerer zurück. Eines der ältesten Dichtwerke der Menschheit, wohl auch sumerischen Ursprungs, nennt sich der *Gesang von Eridu*. Man vermutet, dass Eridu eine sumerisch-chaldäische Stadt am Persischen Golf gewesen ist. Der heilige Baum, der hier besungen wird, gehört „der mächtigen Mutter, die über den Himmel hingeht" – also der Mondgöttin. Und wir erinnern uns, dass die Bäume im keltischen Baum-Alphabet ebenfalls einer unbekannten Mond-, Jagd- und Waldgöttin geweiht waren. Die sumerische Mondgöttin besitzt als Kultbaum den Mondbaum, nicht den patriarchalischen Sonnenbaum; und gehütet wird er von einem jugendlichen männlichen Gott namens Tammuz, dem Sohn und Gefährten der göttlichen Mondmutter. Hier nun der Lobpreis an den göttlichen Mondbaum, den Weltbaum und Weltenstützer, aus dem alten Zweistromland:

Seine weiße kristallne Wurzel reichte in die Tiefe.
Sein Stamm war der Mittelpunkt der Erde;
Sein Laub war das Lager von Zikkum, der Ur-Mutter.
In das Herz des heiligen Hauses,
Das seinen Schatten ausbreitet wie ein Wald,
Ist kein Mensch eingetreten.
Dort ist das Haus der mächtigen Mutter,
Die über den Himmel hingeht,
In der Mitte davon war Tammuz.[65]

Im Inneren des Mondbaumes wohnte die lunare Göttin; sie hatte dort ihr „Haus": die Mondgöttin war also zugleich auch Baumgöttin! Dies wurde nicht nur in Mesopotamien so gesehen; im Alten Ägypten dachte man sich die Himmelsgöttin *Nuth* in einer Sykomore, also in einer Dattelpalme wohnend. Die weibliche Bedeutung der Dattelpalme kam auch in der rituellen Ernte zum Ausdruck, die bei Neumond und nur von Frauen vollzogen wurde. Eine ägyptische Kalksteinstele aus der Zeit der 18. Dynastie zeigt die Verehrung der nahrungsspendenden, in ihrem heiligen Baume anwesenden Himmelsgöttin, die im Ägyptischen Totenbuch mit der Göttin *Hathor* gleichgesetzt wird. Aber ob Hathor oder Nuth – sie ist allenthalben die Fruchtbringende und Gebärende, denn sie vollbringt das Wunder der Sonnengeburt. Denn auf der Spitze des Himmelsbaumes wird die Sonne in Gestalt des göttlichen Knaben Horus geboren, und die Ur- und Allmutter Nuth sagt von sich: „Die Frucht, die ich gebar, war die Sonne."[66]

Es gibt zahlreiche vorderasiatische Fruchtbarkeits-, Jahreslauf- und Sonnengötter, die der Sage nach aus einem Baum geboren wurden, so beispielsweise der Attis aus einer Pinie, Adonis aus einer Myrrhe. Der Baum als das Urmütterlich-Gebärende erscheint dabei als Symbol des Weiblichen schlechthin. Und überall in den vorderasiatischen und mesopotamischen Frühkulturen haben wir es mit Götterpaaren zu tun, etwa Attis und Kybele, Adonis und Astarte, Ishthar und Tammuz, Hathor und Horus, Isis und Osiris, wobei das Männliche dem Weiblichen immer untergeordnet bleibt. Die Unterordnung des männlichen Gottes als Sohn oder Geliebter unter die Macht der Großen Mutter weist

deutlich auf ein Matriarchat in diesen Urgesellschaften hin. Ein solches Matriarchat finden wir überall in den neolithischen, acherbautreibenden Frühkulturen des „fruchtbaren Halbmonds", aber recht früh, zwischen 3000 und 2000 v. Chr., vollzieht sich auch im Vorderen Orient der Übergang vom Matriarchat zum Patriarchat. Dieser Übergang bekundet sich deutlich in einem Wandel der Symbole: die Sonnensymbolik verdrängt zunehmend die ältere Mondsymbolik, und der Weltenstützer wird ein männlicher Gott, wie etwa in der griechischen Mythologie der Riese Atlas. Ein männlicher Weltbaum-Weltstützer-Gott tritt nun auch in Ägypten an die Stelle der Nuth oder Hathor: Osiris, der im *Djed*-Pfeiler wohnt, einer aus Papyrusstengeln gefertigten Kultsäule, die den immergrünen Lebensbaum darstellen soll. „Denn auch Osiris ist ein Baumgott und ein im Baum Enthaltener", schreibt Erich Neumann, „und als Djed-Pfeiler ist er das mit der Großen Baumgöttin identische, die Sonne gebärende Prinzip."[67]

Das Motiv des männlich-königlichen Weltbaums kannten auch die im babylonischen Exil lebenden Juden; ein Traumgesicht des Königs Nebukadnezar, das der Prophet Daniel zu deuten hatte, kündet davon: „Siehe, es stand ein Baum in der Mitte der Erde", heißt es im alttestamentlichen Buch Daniel, „der war sehr hoch. Und er wurde groß und mächtig, und seine Höhe reichte bis an den Himmel, und er war zu sehen bis ans Ende der ganzen Erde. Sein Laub war dicht und seine Frucht reichlich, und er gab Nahrung für alle. Alle Tiere des Feldes fanden Schatten unter ihm, und die Vögel des Himmels saßen auf seinen Ästen, und alles Fleisch nährte sich von ihm" (Daniel 4, 7–9).

Aber dieser allgewaltige Weltenbaum wird nicht mehr von der altsumerischen Mondgöttin bewohnt, deren Macht längst gebrochen wurde, sondern er symbolisiert – wie sich bald im Laufe der Traumdeutung herausstellt – die Macht des Königs Nebukadnezar! Hier wurde an die Stelle Gottes der König zum Weltenstützer erhoben, Kennzeichen eines deutlich herausgebildeten Patriarchats. Typisch für die orientalischen Hochkulturen die Vergottung des Hochkönigs, die zugleich ein Freibrief war für unumschränkte Despotie.

Als ein anderes Dokument frühen patriarchalischen Bewusstseins im Alten Orient zeigt sich uns das Gilgamesch-Epos, ein in Keilschrift niedergelegtes Zwölftafelwerk, das wohl auf sumerische Ursprünge zurückgeht, aber auch babylonische, assyrische und hethitische Varianten aufweist. Gilgamesch regierte als unumschränkter Herrscher über die Stadt Ur, deren Stadtmauer er erbaute. Die Tatsache, dass in Ur zu jener Zeit Tempelprostitution getrieben wurde, weist darauf hin, dass die alte matriarchale Religion schon im Niedergang begriffen war. Gilgamesch widersetzt sich dem Herrschaftsanspruch der Göttin Ishthar, er weist auch ihren Eheantrag zurück und bedenkt sie mit Schmähworten. Mit diesen Schmähworten gegen Ishthar erweist sich Gilgamesch, der die Unterstützung des Sonnengottes genießt, als der erste Überwinder des Matriarchats. Den Himmelsstier, den die erzürnte Göttin daraufhin gegen die Stadt Ur loslässt, tötet Gilgamesch in einem dramatisch geschilderten Kampf. Der Stier, der die Fruchtbarkeit der Erde verkörpert, hat seit dem Neolithikum als das heilige Kulttier der Großen Muttergöttin gegolten.

In Enkidu, dem einsamen Jäger aus der Steppe, findet der Stadtmensch Gilgamesch seine Ergänzung, und beide vereint eine heroische Männerfreundschaft. Das bedeutendste ihrer gemeinsam erlebten Abenteuer bestand darin, die heilige Zeder in den Wäldern des Libanon zu fällen, ein heiliger Baum, der von dem im Zedernhain umhergeisternden Walddämon Chuwawa gehütet wurde. Im undurchdringlich dichten Zedernwald auf den Bergen des Libanon empfinden Gilgamesch und Enkidu, beide Männer der baumarmen Steppe mit ihrem weiten Blickfeld, deutlich Unbehagen; der Wald erscheint ihnen als eine fremde bedrohliche Welt. Chuwawa, der Geist des Großen Waldes, tritt sofort auf den Plan, nachdem Gilgamesch – zunächst unbemerkt – den Baumfrevel an der heiligen Zeder begangen hatte. Es kommt zu einem Kampf, in dem der Waldgeist unterliegt; er wird von Enkidu erschlagen. Darüber sind die Bäume des Bergwaldes entsetzt, und meilenweit ertönt die Klage der Zeder, die gefällt am Boden liegend mit menschlicher Stimme den Tod des Chuwawa beklagt:

Die [Bäume aber] standen starr und stumm,
(Als) er Chuwawa, (ihren) Wächter, fällte.
(Dann) klang zwei Meilen weit der Zeder Klage:
,Mit ihm hat Enkidu (fürwahr) erschlagen....
Die Wälder (selbst und auch) die Zedernbäume,
(Ja), Enkidu erschlug [den Herrn] des Waldes,
Vor dem erbebten Libanon und Hermon!'[68]

Und in der Tat: Mit dem Tod des Chuwawa war
auch das Schicksal des gesamten Zedernwaldes besie-
gelt, denn Gilgamesch und Enkidu verließen den Ort
natürlich nicht, ohne zuvor möglichst viele der ihnen
verhassten Bäume gefällt zu haben. Und in dem weitgehend zerstörten Resttext wurde vermutlich noch erzählt, wie die beiden Gefährten die kostbaren Zedern-
balken zum Euphrat schafften, um sie stromab zu flö-
ßen. Vielleicht handelt es sich bei dem hier Geschilderten um einen ganz gewöhnlichen Holzraub; aber der
war doch nur möglich durch ein gewandeltes, in Gilgamesch neu herangebildetes Bewusstsein. Ein Bewusstsein nämlich, das die Unantastbarkeit heiliger Bäume
nicht mehr anerkennt, weil es die Macht der Mondgöttin – der Herrin über alles Lebende – entthront und der
Macht männlicher Himmelsgötter untergeordnet hatte.
Heute übrigens hat man auf den Berghängen des Libanon den Wald durch den Anbau von Südfrüchten, Oli-
ven, Wein, Tabak und Getreide fast völlig verdrängt;
die einst legendären Zedern kommen nur noch in
kleinsten Restbeständen vor. Gilgamesch und seine
Nachfahren haben ganze Arbeit geleistet.

Adam Kadmon als Sephirothbaum

„Ich bin es, der diesen ‚Baum' gepflanzt hat", heißt es im Buch *Bahir*, einem relativ frühen kabbalistischen Text, „dass alle Welt sich an ihm ergötze, und habe mit ihm das All gewölbt und seinen Namen ‚All' genannt, denn an ihm hängt das All und von ihm geht das All aus, alles bedarf seiner, und auf es schauen und nach ihm hangen sie alle, und von dort gehen alle Seelen aus."[69] Kein Geringerer als Jahwe, der Gott der Juden, hat den kabbalistischen Lebensbaum gepflanzt, der zugleich den Urmenschen *Adam Kadmon* darstellt. Adam Kadmon, All-Baum und All-Mensch zugleich, existiert als makrokosmischer Mensch in den geistigen Sphären, und sein Urbild liegt auch jeder individuellen Menschengestalt zugrunde.

In Adam Kadmon sehen wir auch die menschlich personifizierte Weltensäule, den Stützpfeiler des Universums, an dem sich das gesamte Weltgebäude aufspannt. Es spricht nichts dagegen, in Adam Kadmon den Nachfahren eines altorientalischen Baumgottes zu sehen. Alle Weltenstützer sind, so scheint es, ursprünglich Baumgötter gewesen. In diesem Sinne schreibt, auf die Welt des vorgeschichtlichen Europa Bezug nehmend, Britta Verhagen: „Von der jüngeren Steinzeit an gibt es dann unendlich viele Zeugnisse nicht nur für den Weltstützer-Kult, sondern auch dafür, dass der Weltbaum – wie die Säule – zugleich als Gottmensch oder Baumgott gesehen wurde. So wie die Menhire, die Großsteine, manchmal Gesichter zeigen, trägt auch der Weltbaum gelegentlich einen Kopf und ein aus Holz herausgeschnitztes Gesicht. In den deutschen Museen gibt es mehr als einen solchen ‚Baummann' aus keltischem oder germanischem Erbe."[70]

Eine solche „Verpersönlichung der Baumsäule", die zum Bild eines die Welt tragenden männlichen Himmelsgottes und Urmenschen führt, findet sich nicht nur im jüdischen Geistesleben, sondern auch in anderen Hochkulturen des Alten Orients. Der Adam Kadmon der Kabbalah, das ist der Urmensch *Gajomard* in der altpersischen Religion, der Urriese *Ymir* in der nordischen Mythologie, der All-Mensch *Purusha* in der Religion Altindiens. Und wenn es in den Strophen der Edda heißt: „Einer erstand in Urtagen, allgewaltig" (*Kürzere Seherinnenrede*, Str. 7), so wird dieser Eine in der indischen *Cvetacvatara-Upanishad* als der große kosmische Baum beschrieben:

> Ich kenne jenen Purusha, den großen,
> Jenseits der Dunkelheit, wie Sonnen leuchtend;
> Nur wer ihn kennt, entrinnt dem Reich des Todes;
> Nicht gibt es einen anderen Weg zum Gehen.
> Höher als nichts anderes ist vorhanden,
> Nichts Kleineres und nichts Größeres (....)
> Als Baum im Himmel wurzelnd steht der Eine,
> Der Purusha, der die ganze Welt füllt.[71]

Da nach rabbinischer Ansicht (1.– 2. Jahrh. n. Chr.) „alles, was der Heilige, der Gebenedeite (Gott) an seiner Welt geschaffen hat, er auch am Menschen geschaffen" habe, ergibt sich hieraus das Weltbild der wechselseitigen Entsprechung von Oben und Unten, wonach „die ganze untere Welt nach dem Vorbilde der oberen (himmlischen) gemacht"[72] ist und der Mensch ein Universum im Kleinen darstellt. Denn nach jüdisch-rabbinischer, auch kabbalistischer Ansicht kommt der Menschengestalt universale Bedeutung zu; sie stellt den Prototyp alles Geschaffenen dar. Selbst der Weltenschöpfer, der Unaussprechliche, hat die Menschengestalt angenommen – Jahwe, der oberste Gott der Juden, wird auch in den Traditionen jüdischer Mystik mit letzter Konsequenz anthropomorph gedacht. So lesen wir etwa im *Sefer-al-Sohar*, dem um 1300 n. Chr. in Spanien entstandenen Haupttext der Kabbalah: „Die Gestalt des Menschen schließt alles in sich, was im Himmel und auf Erden ist, die oberen und die unteren Wesen. Darum hat der Alte der Alten sie zu der seinen gemacht."[73]

Im Adam Kadmon der Kabbalah, wie der indische Purusha die anthropomorph gedachte Weltensäule, gehen die Baumes- und die Menschengestalt ineinander über; Adam Kadmon ist Himmelsgott, Baumgott und universaler Weltengott in einem. Als das personifizierte Universum und Prototyp alles Geschaffenen trägt er alle schöpferischen Energien des Universums in sich. Als Weltensäule und Weltachse, ein jüdisch-orientalisches Gegenstück zur germanischen Irminsul, durchragt er alle Ebenen des Seins, von der dichtesten Materie über die kosmisch-astralen Zwischenebenen bis hinauf zu den Engel-Hierarchien, den Reichen der schöpferischen Urgeister. Und wie die germanische Weltenesche Yggdrasil mit ihrer ausladenden Gestalt neun Reiche umfasst, so beinhaltet der Kosmosbaum der Kabbalah mit Wurzel, Stamm und Krone die neun schöpferischen Potenzen des Universums – die neun Sephiroth.

Was sind die neun Sephiroth? – Weltenteile, Bestandteile des lebendigen Universums, Organe Adam Kadmons, Früchte am Lebensbaum. Aber auch Engel-

und Erzengel-Hierarchien, Planeten-Intelligenzen, die schöpferischen Potenzen des Universums, in denen die oberste Gottheit selbst sich stufenweise Gestalt und Bewusstsein errungen hat. Die Sephiroth werden in drei Dreiergruppen oder Triaden geordnet – eine Trias in der Welt des göttlichen Ursprungs, *Aziluth*; eine weitere in der intelligiblen Überwelt *Beriah*; und eine schließlich in der feinstofflich-astralen Zwischenwelt *Jezirah*. Unterhalb der Astralwelt liegt noch *Asijah*, die materielle Formwelt, die für uns allein wahrnehmbare Realwelt. Sie stellt die Manifestation einer weiteren, einer zehnten Sephirah dar. Alle Sephiroth stellen verschiedene Stufungsgrade gestaltgewordener Göttlichkeit dar; denn alle sind aus dem Urlicht Gottes hervorgegangen und bilden, untereinander verbunden durch ein Netzwerk göttlicher Energiekanäle, den Gesamtorganismus des Universums.

An der Spitze des kabbalistischen Weltgebäudes thront *Ain Soph*, das ungeschaffene Urlicht Gottes, und darunter, unmittelbar aus dessen Strahlkraft hervorgegangen, leuchtet die höchste und oberste Sephirah, *Kether*. Der Name bedeutet „Krone", wobei wohl in erster Linie an die Krone eines Lebensbaumes zu denken wäre. Kether stellt die Krönung des ganzen Universums dar. Diesbezüglich lesen wir im Buch *Sefer-al-Sohar*: „So hat die ‚Ursache der Ursachen' zehn Sephiroth hervorgebracht und nannte die Krone ‚Ursprung': in ihr ist kein Ende des Strömens und Quellens: deshalb nannte Er sich selbst: ‚Endloser'. So hat Er nicht Bild und Form, und kein Gefäß ist, Ihn zu fassen, von Ihm irgend nur zu wissen."[74]

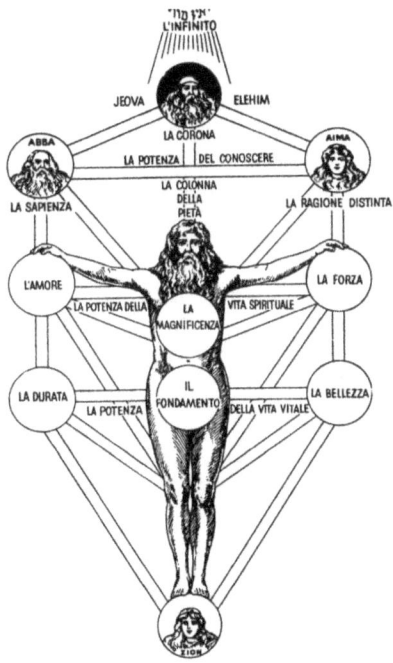

Im höchsten Ursprung bleibt die Gottheit in der Tat noch form- und gestaltlos, trägt aber schon verborgen eine männlich-weibliche Polarität in sich, die sich in weiteren Stufen anthropomorph ausgestaltet zu den Sephiroth *Binah* und *Chockma*, den Kräften des Urweiblichen und Urmännlichen, die zusammen mit Kether die Triade in der höchsten Welt des geistigen Ursprungs bilden.

So stellt denn der kabbalistische Lebensbaum ein in sich geschlossenes ökologisches System dar, indem die gegensätzlich-polaren Weltkräfte sich in dynamischen Spannungszuständen ergänzen und in einem höheren

Dritten ihren Ausgleich finden. Alles im Weltsystem der Kabbalah ordnet sich triadisch, alles läuft hinaus auf den „größten Menschheitsgedanken" (E. Bischoff), die „Trinitätsidee": in der geistigen intelligiblen Welt sind es die Sephiroth *Geburah* und *Chesed*, die in der vermittelnden Kraft von *Tipheret* ihren Ausgleich finden; in der Astralwelt finden wir die männlich-weibliche Polarität von *Hod* und *Netzach*, die durch *Jesod* als dem höheren Dritten reguliert und zur in sich ruhenden Triade zusammengebunden wird.

Der Adam Kadmon als Himmelsmensch und Weltenbaum umfast natürlich auch alle Planeten-Sphären des Universums. Die Sphäre Jesod wird dem Mond zugeordnet, Hod und Netzach dem Merkur und der Venus; Tipheret ist die Sonnensphäre, Geburah und Chesed symbolisieren Mars und Jupiter, Binah bedeutet Saturn und Chockma trägt den ganzen Tierkreis mit seinen Sternbildern in sich. Malkuth, als die zehnte und unterste Sephirah, ist die Erde. Hier ist zweifellos orientalische Sternenweisheit in das mystische System der Kabbalah eingedrungen; die planetarischen Sphären sind Organe Adam Kadmons und Früchte am Lebensbaum. Uraltes, Babylonisch-Astrales hat ebenso wie altmesopotamische Fruchtbarkeitssymbole und Reste einer matriarchalen Urreligion seinen Niederschlag in der Kabbalah, der mystischen Tradition des Judentums, gefunden. Denn „Kabbalah" (auch „Quabbalah") bedeutet ja im Hebräischen zunächst nichts anderes als Überlieferung: eine uralte, vielleicht 5000jährige Tradition esoterischen Wissens.

Freilich taucht der Name „Kabbalah" und mit ihm die schriftliche Niederlegung der Tradition erst im 13.

Jahrhundert auf, seitdem sie sich als esoterische Lehre von einigen rabbinischen Schulen Spaniens und Südfrankreichs über den ganzen abendländischen Kulturraum ausbreitete. Das Hauptbuch der Kabbalah, das *Sefer-al-Sohar* oder *Buch vom göttlichen Lichtglanz* wurde vermutlich in großen Teilen erst von dem 1305 verstorbenen Moses ben Schemtow de Leon verfasst. Dann gibt es noch, neben einer Vielzahl von anonymen und apokryphen Schriften, das *Sefer-al-Jezirah* oder *Buch von der Weltformung*, das von der Urerschaffung der Welt durch die Kraft der 10 Zahlen und der 22 Buchstaben des hebräischen Alphabets kündet. Ein Hauch von pythagoräischer Zahlenmystik weht durch diese Schrift, die nach Meinung von Experten auf das 3. bis 6. Jahrhundert n. Chr. datiert werden kann, nach kabbalistischem Glauben jedoch direkt auf den Stammvater Abraham zurückgeht. Abraham stammte aus Ur in Chaldäa, und er war in die altbabylonische Sternenweisheit der Chaldäer eingeweiht, ähnlich wie später Moses in die Mysterien der Ägypter.

In solchen Weisheitslehren wie auch in vorderasiatischen Fruchtbarkeits- und Baumkulten liegen wohl die ältesten Ursprünge der Kabbalah, die allerdings bei ihrer Bearbeitung durch das Judentum in eine deutlich patriarchalische und intellektuell-rationale Form umgeprägt wurden. Der Adam Kadmon als männlicher Himmelsgott und Weltenstützer trat erst später an die Stelle des weiblich-gebärenden Lebens- und Weltenbaumes, der ein Kultbaum der Großen Mondgöttin war und von ihr auch bewohnt wurde. Diese Entthronung der Großen Muttergottheit war das Ergebnis einer „patriarchalischen Kulturrevolution" etwa zwischen 3000 und 2000

v. Chr., die ihren literarischen Ausdruck im Gilgamesch-Epos sowie in den Schriften des Alten Testaments gefunden hat. Doch scheint es, dass die verschüt-
tete matriarchale Urreligion im System der Kabbalah
eher Spuren hinterlassen hat als in den offiziellen Lehren des Judentums. Betont doch gerade die Kabbalah
immer wieder, dass ein Weltgleichgewicht nur durch
den rechten Ausgleich zwischen den männlichen und
weiblichen Formkräften geschaffen werden kann.

Christliche Baumsymbolik

Der einzige Baumkult im Christentum, nämlich der
Weihnachtsbaum, zeigt sich deutlich als die Wiederein-
setzung eines heidnischen Wintersonnenwenden- und
Lebensbaumkultes. Der Ursprung der Sitte, Weinachts-
bäume aufzustellen, liegt im Elsass. Berichte aus dem
Jahre 1521 bekunden, dass die Förster bestimmte Zula-
gen erhielten, um im Stadtwald den Weihnachtsmaien
zu hüten oder zu hauen. Die Waldordnung der Stadt
Ammersschweier im Elsass sichert 1561 jedem Bürger
zu, er dürfe für die Weihnachtsfeier eine 8 Schuh lange
Tanne fällen. Die Tanne galt schon den Kelten, wie Robert von Ranke-Graves in seinem Buch *Die Weiße Göttin*
nachweist, als der Baum der Wintersonnenwende. Der
Tannenbaum zu Weihnachten sollte den Christusbaum
darstellen, zumal da die Wintersonnenwende bzw. der
25. Dezember seit dem Konzil von Nicäa 325 offiziell als
der Geburtstag Christi angenommen wurde. Die Gleich-
setzung der Tanne mit Christus gründet sich auf Lu-
thers Übersetzung von Hosea 14,9: *„Ich will sein wie eine
grünende Tanne; von mir erhälst du deine Früchte."*
    In der Tanne können wir also den heiligen Baum des

wintersonnwendlichen Gottes sehen, und in der Gestalt des Christus den Nachfolger jenes uralten Sonnen- und Jahreslaufgottes, der als göttliches Kind der Großen Muttergottheit (im Christentum: Maria) aus dem fruchtbringenden Lebensbaum geboren wurde, mit dem er dann als Weltenstützergott gleichgesetzt wurde. So nimmt es nicht Wunder, dass auch Christus, aber ein ins Kosmische erweiterter Christus, die Gestalt des Weltenstützers annahm. Ähnlich wie der Adam Kadmon der hebräischen Tradition den kosmischen Menschen und das persongewordene Universum symbolisierte, so kann der Kosmische Christus als ein Symbol für den makrokosmischen Menschen gesehen werden. Wie lange sich die uralte Vorstellung vom himmelstützenden Allgott im Christentum erhalten hat, zeigt die das Gewölbe tragende Säule der Krypta in der karolingischen Michaelskirche von Fulda. Mit ihren eingerollten goldbemalten Voluten trägt sie deutlich Irminsul-Charakter, und im Kirchenführer steht: *„Candidus deutet die Säule als Sinnbild für Christus, der das Weltall trägt."*

Entspricht dem Adam Kadmon der Paradiesbaum des Alten Testaments, so dem Kosmischen Christus das Kreuz von Golgatha, aber auch der Auferstehungs- und Lebensbaum, wie er in der Offenbarung des Johannes beschrieben wird. Das Symbol des christlichen Kreuzes enthält das Mysterium von Tod und Wiedergeburt; insofern mag es als eine Erscheinungsform des Weltenbaumes gelten. Und wenn der Kosmische Christus an das Kreuz von Golgatha geheftet wird, so erinnert dies daran, wie der germanische Weisheitsgott Odin „neun Nächte lang" an der Weltenesche Yggdrasil hängt, wo er das Selbstopfer von Tod und Transformation darbringt, um dadurch die Einweihung in das Geheimnis der Runen zu erlangen. Die mit dem Weltenbaum verbundenen Mysterien sind immer Todes-, Wiedergeburts- und Auferstehungsmysterien gewesen (siehe das Märchen vom Machandel-Boom).

Der Adam Kadmon der Kabbalah bildet als Himmelsstützer und Allgott den Prototyp des Kosmischen Christus; und der weihnachtliche Christusbaum mag als ein christlich verstandener mikrokosmischer Sephirothbaum verstanden werden: die Lichter daran symbolisieren die Planeten-Intelligenzen. Darin liegt der tiefere, esoterische Sinn des Weihnachtsfestes, in dessen Mitte das Mysterium der Wintersonnenwende steht. Die Wintersonnwendfeier, das alte Julfest der Germanen, heute das Weihnachtsfest, wurde seit der Jungsteinzeit in Europa als das Fest der mystischen Lichtgeburt begangen: in die Welt ewiger Finsternis und Kälte wird ein Lichtfunke hineingeboren, der sich zur alles belebenden Sonne auswachsen wird. Deshalb galt den Alten Römern der Tag der Wintersonnwende als Geburtstag des *Sol Invictus*, des unbesiegbaren Sonnengottes, der später mit dem persischen *Mithras* gleichgesetzt wurde. In Ägypten wurde am 25. Dezember die Geburt des Sonnenknaben *Horus* gefeiert.

Hieran sieht man, dass das Christentum ganz in der Nachfolge jener alten vorchristlichen Sonnen-, Jahreslauf- und Vegetationsmythen steht, die im Vorderen Orient, in Ägypten, aber auch im europäischen Norden weitverbreitet waren. Der zu Mittwinter geborene Horusknabe entspricht dem Christuskind, und die den Christus gebärende Maria findet ihr mythologisches Vor- und Urbild in der ägyptischen Isis, der Allgöttin und Himmelskönigin, auch Weltenstützerin und Hüterin des Lebensbaumes, die auf Abbildungen meist mit Mondsichel und Himmelsmantel dargestellt wird. Der Sohn dieser Mond- und Lebensbaumgöttin als der Sonnenlogos stellt eine Heilsgestalt von zentraler Bedeutung dar; und noch in der Neuzeit zeigt sich ein dem Kosmischen so zutiefst verbundener Geist wie Johann Wolfgang Goethe geneigt, hinter dem Bild des Christus uralte Sonnenweisheit zu entdecken: „Fragt man mich, ob es in meiner Natur sei, Christus anbetende Ehrfurcht zu erweisen, so sage ich: durchaus! Ich beuge mich vor ihm, als der göttlichen Offenbarung des höchsten Prinzips der Sittlichkeit. Fragt man mich, ob es in meiner Natur sei, die Sonne zu verehren, so sage ich: durchaus! Denn sie ist gleichfalls eine Offenbarung des Höchsten, und zwar die mächtigste, die uns Erdenkindern wahrzunehmen vergönnt ist."[75]

Indianische Baumverehrung

Noch heute glauben die Indianer hier,
Dass alles um sie brüderlich zusammenhängt,
Ob Stein, ob Blatt, ob Tier.
Und ferner meinen sie, dass Geist
Von allen Wesen, die mit uns gewacht,
Stets bei uns sind, an jedem Tag, in jeder Nacht.
Ein Spruch der Hopi-Indianer[76]

Indianische Baumverehrung war stets eingebunden in eine Weltsicht, die das Ganze der Natur – Blumen, Bäume und Tiere – als heilig ansah, weil die Natur als die sichtbare Form der Gottheit erlebt wurde. Die Natur in ihrer Göttlichkeit galt als geheiligt. Da wurde Verzeihung erbeten für das Erlegen des Jagdwilds, Dank dargeboten für die abgepflückte Frucht, für die eingebrachte Ernte. Wann und wo immer in den Naturhaushalt eingegriffen wurde, geschah dies in Maßen und mit einem Gefühl für die Würde der Natur – jeder Eingriff war verbunden mit Opferriten, Bittgaben und Dankeshymnen.

Die vier Elemente, die vier Himmelsrichtungen, die Erde und der Himmel, die Sterne und der Ätherraum – sie alle wurden von den in tiefer Naturnähe lebenden Indianerstämmen Nordamerikas empfunden als tätige Wesenheiten, die auch am Schicksal des Menschen Anteil nehmen, und die in ihrem Wirken Teil des großen Weltenlaufes sind. Nicht primitiver Aberglaube lag einem solchen Naturerleben zugrunde, sondern ein Wissen oder zumindest ein Ahnen um die verborgene Göttlichkeit der Natur.

Die Indianerstämme Nordamerikas, obgleich von den weißen Einwanderern brutal dezimiert und in Reservate zurückgedrängt, haben sich ein solches, aus geistiger Schau geborenes Naturwissen bis in die heutige Zeit hinein bewahrt. Die traditionell eingestellten Indianer glauben auch heute noch, dass die ganze Natur von einer geheimnisvollen göttlichen Kraft – *wakan* – durchdrungen wird. Ihr Wort für „Gott", die allgegenwärtige Schöpferkraft, lautet *wakan tanka* – *Großes Geheimnis*. Die Übersetzung des Wortes mit *Großer Geist*, worin eine monotheistische Deutung mitschwingt, eine Übersetzung europäischer Pioniere und Missionare, trifft nicht zu. Es zeigt sich als etwas zutiefst Numinoses, dieses *wakan tanka* der Indianer, eine allgegenwärtige schöpferische Fülle, aber kein personaler Schöpfergott. Indianer zu sein, das heißt, aus der Kraft des Großen Geheimnisses zu leben, den Pfad des geistigen Kriegers zu beschreiten.

Der spirituelle Krieger im Sinne des Indianertums vernimt den Anruf des Großen Geistes aus allen Naturerscheinungen, aus Tieren, Pflanzen und Steinen, aus dem wogenden Gräsermeer der Prärie und aus den bizarren Felsgebilden der Canyons. Das Große Geheimnis spricht aus allem Lebenden; es umschließt Schöpfer und Geschaffenes zugleich. Für den Indianer, ob Medizinmann oder Krieger-Eingeweihter, ob nomadisierender Jäger oder Ackerbauer, gilt daher: „Alles, was er tut, hat für ihn religiöse Bedeutung. Er spürt den Geist des Schöpfers in der ganzen Natur und glaubt, dass er daraus seine innere Kraft erhält. Er achtet das Unsterbliche im Tier, seinem Bruder, und diese Ehrfurcht führt ihn so weit, dass er den Kopf eines erlegten Tieres mit symbolischer Farbe oder mit Federn schmückt. Dann hält er die gefüllte Pfeife hoch – als Zeichen, dass er auf ehrenvolle Weise den Geist seines Bruders befreit hat, dessen Körper zu töten er gezwungen war, um selber weiterzuleben."[77] Diese Worte sind uns von *Ohiyesa* (1858–1919) aus dem Stamm der Santee-Dakota überliefert.

„Weißt du, dass Bäume reden?", fragt *Tatanga Mani* (1871–1967) aus dem Volk der Stoney-Indianer. „Ja, sie reden. Sie sprechen miteinander, und sie sprechen zu dir, wenn du zuhörst. Aber die weißen Menschen hören nicht zu. Sie haben es nie der Mühe wert gefunden, uns Indianern zuzuhören, und ich fürchte, sie werden auch auf die anderen Stimmen der Natur nicht hören. Ich selbst habe viel von den Bäumen erfahren: manchmal etwas über das Wetter, manchmal über Tiere, manchmal etwas über den Großen Geist."[78] In seiner Naturverbundenheit hatte der Indianer gelernt, in den Bäumen des Großen Waldes lebendige geistbeseelte Wesenheiten zu sehen: Wesen, die – wie wir Menschen – Empfindung und Sprache haben, die in Sippen und Clans zusammenleben, verwandtschaftliche und geschwisterliche Verhältnisse untereinander pflegen: denn Alte und Junge gibt es unter den Bäumen, Eltern und Kinder, Brüder und Schwestern. Wer mit der Natur und allem Lebendigen verbunden ist, der kann auch die Gespräche der Bäume belauschen; und er wird in den Worten der Bäume tiefe Weisheit vorfinden.

Dass die Bäume des Großen Waldes von Baumgeistern oder Nymphen bewohnt werden, die sich in ihnen physisch verkörpern, das galt dem Indianer als innere Gewissheit. „Und wenn wir uns auf dieser Erde umschauen", schreibt *Sotsisowah*, ein zeitgenössischer Indianer aus dem Stamm der Seneca, in den Spalten der Zeitschrift *Akwesasne Notes*, „dann sehen wir, dass da noch viele, viele andere Geister sind und dass auch sie Teilnehmer auf dieser Erde sind. Wir können sehen, dass es Bäume gibt und dass sie die Manifestation der Baumgeister sind, die es an diesem Ort gibt. Die Eiche ist eine Manifestation des Eichengeistes. Nur diese Kraft vermag eine Eiche zu werden. Und wenn wir uns umsehen, so können wir sehen, dass die Eiche nicht nur ein auf sich selbst gestellter Geist ist, da die Eiche Mutter Erde braucht, um ihre Füße hineinzupflanzen. Aber die Eiche ist ein mächtiger Geist, und so wie alle Dinge in der Schöpfung wirkt sie mit anderen Geistern zusammen, um Leben auf diesem Planeten hervorzubringen, einschließlich ihres eigenen Lebens."[79]

Die Irokesen-Stämme – und zu diesen gehören auch die Seneca – glaubten, dass jede Baum-, Strauch-, Pflanzen- und Grasart ihren eigenen innewohnenden Geist habe; und diesem Geist pflegten sie Dank abzustatten. Im physischen Baum sahen sie den Körper des Baumgeistes, im Baumgeist die dem Baum einwohnende geistlebendige Seele. Aber anders als der Mensch, bei dem in der Regel Seele und Körper unlöslich miteinander verbunden sind, kann der Baumgeist mit seiner Seele aus dem Körper des Baumes heraustreten und umherschweifen; der Baum dient ihm nur als Wohnsitz. Die Naturvölker kennen allerdings auch Baumgeister, die sich so eng mit ihrem Baumkörper verbinden, dass sie mit ihm zusammen sterben, wenn der Baum gefällt wird oder sonst irgendwie zugrundegeht. Im allgemeinen gilt der Baumkörper eher als der geheiligte Wohnsitz des Nymphen, der diesen auch vorübergehend verlassen kann.

Das Fällen eines Baumes wurde von den Naturvölkern als eine Schändung und Beleidigung des ihn bewohnenden Baumnymphen erachtet: denn entweder, im schlimmsten Fall, wurde der Nymph mit dem Baum zusammen getötet – oder er wurde zumindest aus seinem angestammten Wohnsitz vertrieben. Das Fällen eines Baumes wurde daher, wenn es denn überhaupt sein musste, mit größter Behutsamkeit vorgenommen. Es war eine Art Weihehandlung, die stets von Opfergaben, Dankeshymnen und Segenssprüchen begleitet war. Die *Basoga* in Zentralafrika glauben, wenn ein Baum unrechtmäßigerweise gefällt werde, könne der in ihm wohnende Baumgeist den Tod des Häuptlings und seiner Familie herbeiführen. Um dies zu vermeiden, holen sie zuerst den Rat des Medizinmannes ein, bevor sie einen Baum fällen. Wenn dieser kundige Mann seine Erlaubnis gibt, muss dem zu fällenden Baum zuvor ein Huhn und eine Ziege geopfert werden. Wenn die *Tomori*, ein Stamm auf Celebes, einen Baum fällen, legen sie eine Prise Betel an seinen Stamm und beschwören den Baumgeist, seinen Aufenthaltsort zu wechseln.

Die zahlreichen Zeremonien, die Naturvölker beim Fällen geistbewohnter Bäume vornehmen, gründen sich allesamt auf den Glauben, dass – wie James Frazer sagt – „die Geister es in der Hand haben, die Bäume nach Belieben oder im Falle der Not zu verlassen"[80]. Das Opfer für das Wohl des Baumnymphen beruht auf der Überzeugung, dass der Mensch für alles, was er von der Natur empfängt, ein Entgeld oder eine angemessene Gegengabe darzureichen habe. Denn der Mensch darf nichts nehmen, ohne Gleichwertiges zurückzugeben, wenn er denn in rechtem Einklang mit der Schöpfung leben will. Die Gegengabe muss nicht unbedingt eine materielle sein; sie kann sich ebensogut in Würdigung, Ehrerbietung und Respekt ausdrücken. Es war oberste Ehrenpflicht des Indianer-Jägers, die Seele des von ihm erlegten Tieres in angemessener Weise zu ehren: „Der Indianer sieht im Tier ein gleichwertiges Wesen, ja er spricht von ihm als *Bruder Tier*", schreibt Hans Läng in seiner *Kulturgeschichte der Indianer Nordamerikas*[81], einem allseits anerkannten Standardwerk.

Beim Stamm der *Kwakiutl* in Britisch-Kolumbien, Kanada, durchdringen den ganzen Alltag Gebete an die segenspendende Natur: mit althergebrachten Formeln und Anrufungen werden Pflanze und Tier geehrt, und Alles, was der Mensch von ihnen nimmt, das nimmt er dankbar als Geschenk. Aus dem Volk der Kwakiutl stammt auch der folgende überlieferte Weihespruch, der sich wohl an einen jungen Zedernbaum richtet:

Schau mich an, Freund!
Ich bin gekommen, dich um dein Kleid zu bitten
Du gibst uns alles, was wir brauchen –
Dein Holz, deine Rinde, deine Äste
Und die Fasern deiner Wurzeln,
Denn du hast Erbarmen mit uns.
Du bist gern bereit, uns dein Kleid zu geben.
Ich bin gekommen, dich darum zu bitten,
Spender langen Lebens,
Denn ich will ein Körbchen für Lilienwurzeln
Aus dir machen.
Ich bitte dich, Freund, zürne mir nicht

Und trag mir nicht nach,
Was ich jetzt mit dir tun werde.
Und ich bitte dich, Freund,
Erzähle auch deinen Freunden,
Worum ich zu dir gekommen bin.
Beschütze mich, Freund!
Halte Krankheit fern von mir,
Damit ich nicht in Krankheit oder Krieg umkomme,
O Freund! [82]

Die Irokesen kannten nicht nur in ihrer tiefsinnigen religiösen Mythologie das Bild des weltenstützenden kosmischen Baumes, sondern sie kannten auch in ihrer sozialen Praxis den *Rechts- und Friedensbaum*, der den Bestand der Gemeinschaft gewährte und den Mittelpunkt aller Stammesversammlungen bildete – ähnlich wie im Alten Europa die Germanen sich unter dem Schatten eines Eichbaums zur stammesmäßigen Rats- oder Thing-Versammlung zusammenfanden.

Dieser Stammesratsbaum, bei den Irokesen die Fichte, bedeutete ihnen das Gesetz; seine Zweige symbolisieren den Schutz, den die „fünf Nationen" der irokesischen Stämme durch den Bund genossen, und die vier Wurzeln des Großen Baumes streben in jede der vier Himmelsrichtungen, nach Nord, Süd, West und Ost. Auf der Spitze des Friedensbaumes wacht stets der Adler, und unter dem Wurzelwerk befindet sich eine Höhle, in der die Waffen vergraben liegen, solange der Schutz- und Friedensbund der Irokesen hält. Und dieser soll, nach dem Willen seiner Gründer, ewig währen – ewig wie die Schöpfung selbst.

Nachbemerkungen über die Nymphen

Die ihr Felsen und Bäume bewohnt,
oh heilsame Nymphen,
Gebet jeglichem gern,
was er im stillen begehrt!
Schaffet dem Traurigen Trost,
dem Zweifelhaften Belehrung,
Und dem Liebenden gönnt,
dass ihm begegne sein Glück.
Denn euch gaben die Götter,
was sie den Menschen versagten:
Jeglichem, der euch vertraut,
tröstlich und hilfreich zu sein.[83]

Johann Wolfgang Goethe

Die „heilsamen Nymphen", die in Fels und Bäumen wohnen, von Goethe in den obigen Gedichtzeilen besungen – wer oder was sind sie eigentlich: bloße Phantasiegestalten, nichts weiter als poetische Erfindungen, oder Projektionen unbewusster Seeleninhalte in äußere Naturerscheinungen? Oder sind sie numinose Geistermächte der Natur, dem menschlichen Auge unsichtbar und verborgen, weil aus feinerer Stoffart geformt als aus grobstofflicher Materie? – Die altgriechische Religion kennt die Nymphen als sehr volksnahe Naturgottheiten und verbindet sie in der Regel mit dem wässrigen Element; aber neben den eigentlichen Wassernymphen, namentlich den die Flussquellen umhegenden *Najaden*, kannte man auch die in den

Bergen wohnenden *Oreaden* und die in den Bäumen lebenden *Dryaden*. In enger Verwandtschaft zu den Quell- und Wassernymphen standen die im Weltmeer sich tummelnden *Nereiden* und *Okeaniden*, die als Töchter des Merrgottes Okeanos galten.

In der griechischen Mythologie treten die Nymphen, diese scheuen nixenhaften Gestalten, meist im Gefolge der Wald- und Fruchtbarkeitsgöttin Artemis auf; sie erscheinen aber auch in Gesellschaft anderer Naturgötter, besonders des Pan und des Dionysos. Vermutlich handelt es sich bei den Nymphen überhaupt um ein älteres Göttergeschlecht in Europa, das durch die Indogermanen in den Rang niederer Naturgeister abgedrängt wurde; sie standen aber beim Volke immer noch in hohem Ansehen wegen ihres heilkräftigen Wirkens: als Spenderinnen der Fruchtbarkeit, auch als heilkundige und weissagende Mächte. In römisch-hellenistischer Zeit wurden die Nymphen in der Kunst oft als Wassergottheiten, stehend oder liegend, mit Schale, Muscheln oder Urnen dargestellt. Und auf Inschriften in ehemaligen Provinzen des Römischen Reichs wurden oft einheimische Gottheiten der Kelten, Germanen und anderer Völker als „Nymphen" bezeichnet.

Ein Orphischer Hymnus an die Nymphen lässt diese in erster Linie als Wasser-Elementarwesen erscheinen, als Quellgöttinnen und Flussbewohnerinnen, die in unterirdischen Grotten hausen. Der Hymnus beginnt mit folgendem Wortlaut:

> Ihr Nymphen, des Okeanos,
> Des hochherzigen, Töchter,
> Ihr wohnet unter den Grotten

Der Wasserwege der Erde,
Verborgen hausende Ammen des Bakchos,
Unterirdische, reich an Freuden,
Nährerinnen der Früchte,
Wiesenbewohnende,
Im Zickzack laufende, Heilige,
Ihr freut euch der Höhlen,
Belustigt in Grotten,
Ihr durchwandelt die Luft;
Quellgöttinnen, spendend den Tau,
Läuferinnen im leichten Schritt,
Unsichtbare, Erscheinende,
Reich an Blumen, in Gräbern wohnend,
Ihr tanzt mit Pan auf den Bergen.[84]

Die Nymphen des griechischen Mythos treten nicht allein als Wassergeister auf, auch nicht nur als Baumgeister, sondern sie durchweben mit ihrem heilsamen Wirken die ganze Natur. Sie sind also Naturgeister in des Wortes weitester Bedeutung. So erwähnt Hesiod in seinem Werk *Theogonie* auch „Nymphen, die da die Schluchten und Klüfte der Berge bewohnen"[85], und er berichtet, diese Bergnymphen seien einst von Gaia, der uralten Erdgöttin, erschaffen worden. Im Mythos *Pan und die Nymphe Syrinx* wird erzählt, wie sich eine von Pan bedrängte Nymphe in ein Schilfrohr verwandelt; wenn die Nymphen also im Schilf leben können, dann mögen sie gewiss auch in Sträuchern, Blumen und Gräsern anzutreffen sein. Die Nymphenwelt durchwebt wie eine Geisterschar die Natur als Ganzes mit allem Belebten darin.

Mit den Nymphen des griechischen Mythos stehen

die „Feen" und „Elfen" des europäischen Nordens in enger Verwandschaft. In der germanischen Mythologie wird das Reich der Elfen als *Alfheim* bezeichnet: ein unsichtbares Naturreich, das der Obhut des Vegetationsgottes Freyr untersteht. Das mittelhochdeutsche Wort *alp* – vom germanischen *alf*, Albe – verweist noch auf das Vorhandensein einstigen Elfenglaubens. Der mittelalterliche Alb bezeichnet allerdings das nächtlich auftretende Mahrengespenst, woran man ersehen kann, wie sehr der ursprünglich heidnische Naturgeisterglaube in christlichen Zeiten diffamiert wurde. Elfen sind allerdings nach Art und Wirkungsweise durchaus nicht einheitlich, unterscheidet doch die Edda ausdrücklich zwischen lichten und finsteren Elbenwesen, zwischen „Lichtelfen" und „Schwarzelfen".

Über die Elfen des irischen Volksglaubens schrieb Wilhelm Grimm im Vorwort zu Th. C. Crockers *Irischen Elfenmärchen*, sie seien „in ihrer wahren Gestalt kaum einige Zoll hoch", und sie hätten einen „luftigen, fast durchsichtigen Körper, der so zart ist, dass ein Tautropfen, wenn sie darauf springen, zwar zittert, aber nicht auseinanderrinnt."[86] Diese Beschreibung dürfte ebensogut auf die germanischen Elfen zutreffen. Weiterhin wird berichtet, dass die Elfen immer in Gruppen auszuschwärmen pflegten, da sie kein eigenes Ich hätten, sondern nur als Gruppenseele existierten. Die Gruppenseele eines Elfenvolkes wird energetisch gebündelt in der Person eines führenden Wesens, das als Elfenkönig seinem Volk vorsteht. Im west- und mitteleuropäischen Sagengut werden *Alberich* und *Oberon* als solche Elfenkönige genannt. Das Reich der Elfen wird in zahlreichen Überlieferungen als eine geheimnisvolle „Anderswelt" geschildert, zu der normalerweise kein Sterblicher Zugang hat, da sie außerhalb der uns bekannten Wirklichkeit liegt.

Das Feenreich nannten die gälisch sprechenden Kelten Irlands *Thierna na oge* – das „Land der ewigen Jugend". Hierüber erfahren wir folgendes: „Unter dem Wasser befindet sich ein Land, so gut wie oben, wo die Sonne scheint, Wiesen grünen, Blumen blühen, Felder und Wälder abwechseln, Städte und Paläste, nur viel prächtiger und glänzender, sich erheben und das von glücklichen Elfen bewohnt ist. Hat man in dem rechten Augenblick an den Ufern des Sees die rechte Stelle gefunden, so kann man alle diese Herrlichkeiten mit Augen sehen. Einige, die ins Wasser gefallen sind, haben bei ihrer Heimkehr Bericht abgestattet. Diese Unterwelt heißt das Land der ewigen Jugend, weil die Zeit dort keine Macht hat, niemand altert, und wer viele Jahre da unten gewesen ist, den hat es nur einen Augenblick gedeucht. An gewissen Tagen bei aufgehender Sonne erscheinen diese Elfen auf der Oberfläche des Wassers, in größter Pracht und in allen Farben des Regenbogens schillernd. Mit Musik und Tanz, in ungezügelter Lust ziehen sie einen bestimmten Weg auf dem Wasser dahin, das unter ihren Füßen sowenig weicht als die feste Erde unter den Tritten der Menschen, bis sie endlich im Nebel verschwinden."[87]

Aber nicht nur unter der Wasseroberfläche befindet sich das Feenreich, sondern auch unter dem Erdboden, besonders in jenen geheiligten Feenhügeln, die in Irland als *fairy hills* oder *sidhe* in Kreisen der Landbevölkerung noch in jüngster Vergangenheit höchste Verehrung genossen haben. Noch im Jahre 1958 konnte die geplante

Erweiterung des Flughafens Shannon im Süden Irlands nicht durchgeführt werden, weil – wie damals auch die Zeitung berichtete (DIE ZEIT vom Oktober 1958) – die als heilige Orte geltenden Feenhügel bei den Planierarbeiten Schaden nehmen würden; die beteiligte Baufirma versicherte, „kein irischer Arbeiter sei bereit gewesen, Spitzhacke oder Grabschaufel in den von Feen bewohnten Hügel zu senken"[88]. Auch Autobahnen, Landstraßen und Feldwege sind stets so angelegt worden, dass sie den Feenhügeln in weiten Bögen ausweichen, um nicht den Frieden der dort Wohnenden zu stören. Allerdings soll die Feenverehrung in Irland seit Mitte der 50er Jahre stark zurückgegangen sein.

Aber nicht immer waren die Feen jene Landgeister, Kobolde und zwergenhafte Fruchtbarkeitsdämonen, als die sie im heutigen irischen und bretonischen Keltentum gelten; ursprünglich nahmen sie den Rang von Hochgöttern ein: schicksalsbestimmende Mächte, wie der Name schon sagt („Fee" kommt vom lateinischen *fatum*, Schicksal). Auch im Märchen greift die „gute Fee" stets schicksalsbestimmend in das Leben des Helden ein; dennoch können wir den Ursprung des Feenglaubens nicht im starren römischen Schicksalsbegriff des „Fatum" erblicken, sondern eher in uralten druidischen Mysterien, die seit der Christianisierung der keltischen Völker unbehelligt von der Kirche in den Traditionen des Volksbrauchtums weiterleben.

Ob wir sie nun als Feen, Elfen oder Nymphen bezeichnen – es handelt sich dabei um dieselben Wesenheiten, um Naturgeister in des Wortes weitester Bedeutung, die möglicherweise einem degenerierten Göttergeschlecht einer weit zurückliegenden Urzeit entstammen. Es sind Wesenheiten, die in den Erdentiefen, in den Reichen der vier Elemente, in Bäumen und Gräsern leben, durchsichtig, oft von zwergenhafter Gestalt, längst in das Reich der Poesie und des Märchens eingegangen, aber immer noch abergläubisch verehrt in einigen als „rückständig" geltenden Randgebieten Europas. Es unterliegt keinem Zweifel, dass hinter diesen Wesen uralte Vorstellungsbilder unserer Seele stehen müssen, die wahrscheinlich einer sehr tiefen Schicht unseres kollektiven Unbewussten entstammen. In diesen Geistgestalten, die Traumbildern gleich aus dem Reich des Mythos und aus den Tiefen unserer Seele heraufsteigen, müssen sehr machtvolle Archetypen wirken, die immer dann in Erscheinung treten, wenn wir Numinoses in der Natur erfahren.

Deshalb haftet dem Nymphenglauben auch etwas Überzeitliches an; die Nymphen geistern nicht nur durch die Werke der Dichter, sondern auch durch alle Zeiten und Kulturen, einerlei mit welchen Namen sie benannt werden. Im Zeitalter der Renaissance war es der große Arzt und Naturforscher Paracelsus (1493–1541), der sich um eine Wiederbelebung des alten heidnischen Nymphenglaubens bemühte. Paracelsus sah das ganze Universum als lebendigen und durchseelten Organismus, den zahlreiche Naturgeister und Elementarwesen bewohnen. Hierzu zählen natürlich auch die baumbewohnenden Geister, die Paracelsus wie Goethe aus eigener Anschauung kannte: „Zweitens wisset, dass mitunter Bäume und dergleichen gefunden werden, die Blut geben, wenn man darein schlägt, ohne dass dies, wie oben steht, durch Zauberei bewirkt würde. Wisset, dass dann eine Nymphe darin ist, denn diese sind Geis-

ter und haben Blut und Fleisch und haben die Natur
von Geistern und sind von anderer Natur als wir, ihrem
Wesen entsprechend."[89]

Paracelsus hat das Reich der Naturgeister besonders
poetisch in seinem *Liber de nymphis, sylphis, pygmaeis et
salamandris* beschrieben. Die vier Elemente betrachtet er
als die Wohnorte der Naturgeister, die er nach ihren
üblichen Bezeichnungen benennt: *Gnome* die Geister der
Erde, *Undinen* die belebenden Geister des Wassers, *Sylphen* die Luftgeister und *Salamander* die Elementarwesen des Feuers. Diese Bezeichnungen haben sich im
abendländischen Kulturkreis seit Paracelsus allgemein
eingebürgert. Ein allzu vorschnelles Urteil würde es jedoch bedeuten, den Glauben an eine Welt der Feen,
Nymphen, Nixen und Elementargeister bloß als Aber-
glauben abzutun. Vielleicht stehen hinter diesen mythischen Wesen im Seelenleben des Menschen tief verwur-
zelte Archetypen, in denen sich durchaus reale Erlebnis-
Wirklichkeiten kundtun.

Die Welt der Naturgeister, Elementarwesen, der
Wald- und Baumnymphen ist durchaus kein Phantasieprodukt, auch kein Aberglaube aus urfernen Zeiten,
sondern sie ist eine die Diesseitswelt von innen her
durchdringende Gegenwelt, die von den hierfür geöff-
neten Menschen jederzeit spirituell erfahren werden
kann. Die unzähligen Sagen aus Antike und Mittelalter,
die von Elfen, Nymphen, Wassernixen und geisterhaf-
ten Baumbewohnern handeln, sind nicht bloß frei er-
dichtet, sondern entspringen spirituellen Erfahrungen,
die den damaligen Menschen in ihrer hellsichtigen Naturverbundenheit noch möglich waren. Freilich: Wie
Naturgeister „wirklich" aussehen, weiß niemand, weil

der Mensch bei der Begegnung mit der in der Natur waltenden Geistigkeit immer gewisse „archetypische Bilder" verwendet, die tief in den Schichten des Unbewussten wurzeln. Spirituelle Erfahrungen mit Naturgeistern sind auch in unserer heutigen, sonst so prosaischen Zeit möglich, wie zahlreiche Zeugnisse belegen. Die Nymphenwelt bleibt uns nicht verschlossen!

So hat etwa die Naturschützerin, Umweltpädagogin und Buchautorin Sigrid Lechner-Knecht in ihrem Buch *Die Hüter der Elemente* (1989) zahlreiche Zeitzeugen aufgeführt, Erwachsene wie auch Kinder, die Naturgeistwesen mit eigenen Augen gesehen haben wollen. Ein besonderes Gewicht erhält das Zeugnis der amerikanischen Seherin Flower Newhouse (1909–1994), die als medial veranlagte Person seit vielen Jahren Erfahrungen mit „Lichtwesen" gesammelt hat. „Mit geistig erwachten Sinnen lässt sich erkennen", schreibt sie in einem persönlichen Erfahrungsbericht, „wie alles Gedeihen auf Erden auf dem Wirken kleiner zierlicher Wesen beruht, die sich in Harmonie mit der zarten, verfließenden Sphärenmusik bewegen. Wälder und Berge, obwohl einsam und unbewohnt, zeigen sich von vielen großen, gütigen Wesen bevölkert, die über Bäume, Seen und Berge wachen. Zu allen Tageszeiten können die glücklichen Sylphen wahrgenommen werden, geschäftig in ihren lyrischen Aktivitäten in den Lüften. Während der wichtigsten Tageszeiten – Morgendämmerung, Mittag und Sonnenuntergang – werden die glühenden Sonnenengel am Horizont sichtbar."[90]

Die Nymphen der Bäume, von ihr „Baumdevas" genannt, beschreibt die in Kalifornien lebende Amerikanerin so: „Ein Baumdeva ist nach unseren klassischen

Schönheitsidealen nicht als ‚schön' zu bezeichnen, da
seine Gestalt zu lang gezogen und eng erscheint, sein
Gesicht zu dreieckig. Doch die Engel, die diese Waldungen hüten, besitzen dafür etwas sehr Kostbares –
grenzenlose und ewige Energie. Sie erscheinen als hell-
grüne Geschöpfe, mit blitzenden Augen, die mit ihrer
Vitalität und durchdringenden Strahlkraft auf uns ein-
wirken. Häufig sind diese Devas so groß wie der Baum,
den sie überschatten, obwohl sie meist viel schlanker als
der Stamm geformt sind. Ich habe zu verschiedenen
Zeiten einige Stunden damit verbracht, einen Baumdeva zu beobachten, wie er von Baum zu Baum wanderte,
seine lebensspendende Energie verteilend. Jene Menschen, die die Natur lieben, ziehen die Aufmerksamkeit
eines Baumdevas an und erhalten vielleicht durch ihn
eine Taufe mit erneuernden Lebenskräften."[91]

Diese turmhohen, grünlich schimmernden Wesenheiten, länglich von Gestalt und mit dreieckigen Gesich-
tern, erinnern an die von J. R. R. Tolkien geschilderten
Ents; sie erscheinen als Walddämonen von riesenhaftem
Wuchs, aber sie gleichen überhaupt nicht jenen überaus
zarten mädchenhaften Gestalten, die anderswo als
Baumelfen geschildert werden. Aber die Welt der Naturgeister scheint, je nach örtlicher Lage und Vegetati-
on, äußerst vielgestaltig in Erscheinung zu treten. Sie
zeigt sich dem visionär sehenden Betrachter vielleicht
mal furchterregend und bedrohlich, mal wieder anmutig und liebreizend, ähnlich wie auch die äußerlich
sichtbare Natur viele Gesichter hat: mal geht da ein
Toben wilder titanischer Elementarkräfte vor sich, wie
etwa bei Gewittern oder Vulkanausbrüchen, mal ist es
wieder ein stilles geheimnisvolles Weben, das alles in

der Natur verzaubert, wie etwa in anmutigen Nächten bei Mondenschein. Je nachdem, in welcher Gestalt die Natur sich uns zeigt, wirken jeweils ganz andere Geistwesen in ihr: große oder kleine, schöne oder hässliche, elfenhafte oder riesenähnliche.

Nicht jeder besitzt die Fähigkeit, die Naturgeister medial zu „sehen", aber jeder dürfte in der Lage sein, die Anwesenheit einer zauberhaften Geisterwelt in der Natur wenigstens zu erahnen. Für den amerikanischen Dichter und Schriftsteller Ralph Waldo Emerson (1803–1882), ursprünglich ein puritanischer Prediger, der seine Kirche verließ, um sich ganz der Natur hinzugeben, wurde der Wald gar zu einer Stätte der Gottesbegegnung: „Im Wald war Gott mehr anwesend als in einer Predigt. In der Kathedrale der Lärchen breitete ihn der Bärlapp aus, die Drossel sang ihn, die Spottdrossel tönte ihn, die Anemone strahlte ihn aus, und der wilde Apfelbaum blühte ihn. Die Ameisen bauten emsig an ihrem Hügel; der wilde Wein setzte Knospen an; der Roggen schoß in den Halm. Hoch über uns und über den Wolken segelte der blasse, gehörnte Mond in steter Fahrt nach Westen durch ganze Flotten von kleinen Wölkchen. Die zarten Bündel der Birken erglänzten unten im Grün. Die Fichten verströmten ihren Duft in der Sonne. Alles rüstete sich für die heißen, gewittrigen Tage des Hochsommers."[92]

Die Versammlung der Bäume

Eine Versammlung der heiligen Bäume und Sträucher, zu der auch die Blumenelfen und Waldgeister geladen waren, wurde einberufen. Die majestätisch-robuste Eiche erschien da und die weitausladende Buche, die mütterlich-beschützende Linde und die mädchenhaft-schlanke Birke, die zittrig-nervöse Pappel und der düster-melancholische Tannbaum, die Weide schließlich mit weit herabhängendem Geäst und der vielfarbig-belaubte Ahorn.

Aber auch die fruchttragenden Bäume kamen zur einberufenen Versammlung, der Apfelbaum mit wohlschmeckender Frucht, der Kirschbaum und nicht zuletzt der Walnussbaum mit köstlichen Nüssen. Auch die Esche und die Ulme waren unter den Anwesenden, die Zypresse ferner und die Pinie, ja selbst der rätselhafte Ginkobaum aus unbekannter Ferne, der gigantische Mammutbaum und der australische Eukalyptus. Und mit ihnen kam das Gesträuch des Waldbodens, der wildrankende Efeu, der rotfruchtige Erdbeerstrauch und der rebentragende Weinstock.

Aber auch den niederen Waldgeistern, den Kobolden, Wichten und Schratten, wurde Stimmrecht gewährt in der Versammlung der Bäume; denn sie galten als gewitzt und hatten oft die besten Ideen. Ein richtiger alter Faun, mit Ziegenohren und Bocksfuß, saß hinter einem bemoosten Baumstumpf, den er als Schreibtisch benutzte; denn man hatte ihn beauftragt, das Protokoll zu führen. Und ganze Scharen von Wesen, die man heute für nichts als Fabelwesen hält, umringten ihn. Da erklärte der Eichbaum, der König unter den Wesen des Waldes, den Allgemeinen Baum-Thing für eröffnet.

Tief schöpfte der Nymph des Eichbaums aus dem Gruppengedächtnis aller Eichen, und dann richtete er an die versammelten Bäume folgende Worte: „Unzählige Baum-Things habe ich schon einberufen, seit jener Zeit, da die Erde noch jung war. Zwar gelte ich immer noch als der Herr des Waldes, der von Eichenlaub umkränzte, doch bin ich entrechtet, ein König ohne Krone und Szepter. Die Krone hat längst der *Mensch* an sich gerissen. Und wenn ich meinen Geist heute durch die Landschaft schweifen lasse, dann sehe ich überall nur sterbende Wälder, alle zugrundegerichtet vom Menschen: Bäume gefällt, abgehackt, herausgerissen mit den Wurzeln, in Fabriken dann zu Nutzholz verarbeitet. Den ganzen Erdkreis hat der Mensch in Besitz genommen, der einst uns allein gehört hat, dem um soviel älteren, dem erlauchten, ewig begrünten Geschlecht der Bäume.“

So sprach die Eiche. Und der Geist des Mammutbaums, ein turmhoher Riese, der auf die übrige Versammlung herabblickte wie auf eine Schar von Kindern, ergriff das Wort. Er sprach: „Mit unseren Wipfeln berühren wir den Himmel, mit den Wurzeln das tiefe Erdreich; wir kennen nur die Sterne über uns und die Erde zu unseren Füßen. Der Mensch mit seiner Axt kümmert uns nicht, er kann uns nichts anhaben.“ Ein allgemeines Gemurmel setzte ein, ein Blätterrauschen, und andere Bäume meldeten sich zu Wort. Gar mächtig rauschte die Baumkrone der Buche, und wie ein hölzernes Blasinstrument, wie ein Fagott oder eine Oboe, klang aus dem Stamm die Stimme des Nymphen, als die Buche die anderen Bäume aufforderte, sich gegen die Übergriffe des Menschen zur Wehr zu setzen. Die Esche, deren Holz zum Speer taugt, stimmte ihr zu, ebenfalls die stets kampfbereite Erle. Aber dem Weidenbaum war nicht so sehr nach Kämpfen zumute, und die Pappel zitterte mehr als ohnehin, als sie sprach: „Erhebt nicht Eure Waffen, sondern Eure Stimmen, sprecht zum Menschen, versucht sein Herz zu erreichen, auf dass er ablasse von seinem mörderischen Tun".

„Aber wie sollen die Bäume zu den Menschen sprechen", sagte der wildrankende Efeu, „wenn kaum noch einer von ihnen unsere Sprache versteht, die Sprache der Dryaden? Ich kenne die Menschen recht genau, denn ich wuchere gern an den Mauern alter Häuser, an Ruinen und Friedhöfen, und dort belausche ich manchmal die Gespäche der Menschen. Wie sollen wir mit den Menschen sprechen, wenn kaum einer von ihnen den Stimmen der Natur zuhört? Der Mensch kennt nur noch seine eigene Sprache, die Sprache der Elfen hat er längst verlernt, und die der Baumgeister auch. Seitdem der Mensch die *Krone der Schöpfung* trägt, ist er taub geworden für die Stimmen der Natur. Er hört nicht mehr das Flüstern der Gräser, nicht mehr das Grummeln des Steins."

Da meldete sich der Faun zu Wort, der bisher hinter seinem bemoosten Baumstumpf gesessen und das Protokoll geführt hatte. „Vielleicht sollten wir erreichen, dass der Mensch selbst die Krone der Schöpfung abgibt, jedoch sollte er es freiwillig tun und nicht gezwungen." Das war weise gesprochen, und ganze Scharen von Blumenelfen stimmten ihm zu. Wo aber Worte der Weisheit gesprochen werden, ist auch das Einhorn nicht fern. Leichtfüßig und voller Anmut betrat es die Lichtung, ein wunderschönes Tier mit milchweißer Mähne und spitzem silbrigem Horn. Und mit dem Einhorn kam eine nach Art der römischen Vestalinnen gekleidete Jungfrau, die eine blühende Kornähre in der Hand trug. Die Frau aber war keine Sterbliche, sondern ein Zauberwesen wie das Einhorn selbst.

Das Einhorn sprach: „Siehe ich bin das Tier der Großen Göttin, und mein Horn ist wundertätig. Lasst mich dorthin gehen, wo der Mensch regiert; ich werde ihn bitten, die Krone der Schöpfung abzugeben, denn meine Stimme versteht er. Denn ich weilte einst mit ihm im Paradies, und folgte ihm nach, als er von dort vertrieben ward." Und so geschah es. Der Entschluss des Baum-Things ward gefasst, der Faun nahm's zu Protokoll, leichtfüßig und elegant trabte das Einhorn aus der Lichtung. Und je weiter es den Versammlungsort der Bäume hinter sich zurückließ, desto gewöhnlicher, alltäglicher wurde der Wald. Es war kein verzauberter Dryaden-Wald mehr, und ein kalter unfreundlicher Wind umblies das Einhorn. Immer näher kam es der Region, wo der Mensch wohnt, der so gefürchtete, der einsam in seinem kalten stählernen Reich herrschte. Was wird nun geschehen? Wird das Einhorn seine gefährliche Mission erfüllen?

Einsam saß der Mensch auf seinem Thron, und die Krone der Schöpfung, die er immer noch trug, drückte ihn schwer. Nur allzu gern gab er die Krone her, sie hat ihm ja nur Unheil gebracht. Ein böser Dämon, der sich für einen Gott ausgab, verführte ihn einst. Sein Name war Jehova. Er erschien in einem brennenden Dornbusch, und der Mensch warf sich ihm zu Füßen. „Mache Dir die Erde untertan!" sprach der Dämon, und der Mensch gehorchte. So ward er dazu verführt, die Krone der Schöpfung an sich zu reißen, die doch allein der Großen Göttin zustand. Er setzte sich die Krone auf, doch er wurde nicht Herr, sondern ein Skalve jenes Dämonen, der sich für den einzig wahren Gott ausgab. Aber Jehova hat keine Macht mehr; er wurde vertrieben, und in Feuer und Rauch hat er sich davongemacht. So setzte der Mensch die goldene Krone ab und hängte sie dem Einhorn über sein silbernes Horn.

Das Horn mit der Goldkrone glänzte matt, als das Einhorn durch die Dämmerung des Waldes schritt. Siegesgewiss, aufrecht trabte es durch den Wald. Bald betrat es den Bannkreis des Zauberwaldes. Zwerge kamen aus ihren Verstecken heraus und begleiteten das Einhorn, staunend über die goldene Krone, die es trug; auch die Tiere des Waldes kamen hervor, der Hirsch und der Rehbock, und die Bäume im Hain riefen sich ahnungsvoll Worte zu. Da betrat das Einhorn jene Lichtung, in der die Versammlung der Bäume tagte, und rief: „Der Mensch hat die Krone der Schöpfung zurückgegeben. Sie gehört nun allein Dir, Große Göttin." Und die priesterlich gekleidete Jungfrau nahm die Goldkrone, die ihr das Einhorn darbot, entgegen. Jetzt erst ahnte der Nymph der Eiche, wer jene unbekannte Frau tatsächlich war. „Ich begrüße Dich in unserem Kreis, Mutter Erde. Jetzt habe ich Dich erkannt, die Du in vielerlei Gestalt erscheinst, aber wir kennen uns ja schon lange, viele Weltalter lang."

Die Jungfrau in den Gewändern einer vestalischen Priesterin sagte: „Ja, Du hast mich recht erkannt, Dryade der Eiche, ich bin die Mutter Erde, die Urmutter

allen Lebens, die sich ewig erneuert durch Wiedergeburt – ich bin Demeter und Persephone zugleich. Ich bin
der Geist, der hier im Planeten Erde seine Wohnstätte
hat: Ich war immer, ich bin immer, und ich werde immer sein. Diese Erde, die Ihr bewohnt, ist mein Körper:
die Flüße und Bäche sind meine Adern, das Felsgestein
mein Knochenmark, der Humus mein Fleisch und die
Atmosphäre mein Mantel, der mich bewahrt vor der
Hitze der Sonne und der Kälte des Weltraums gleichermaßen. Der Nordpol ist mein Scheitel, der Südpol mein
breitgebautes Becken, die Anden und Rocky Mountains
meine Wirbelsäule. Die Wälder am Amazonas und Kon-
go sind meine Lungen. Ich bin die Mutter Erde."

Nachdem die jungfräuliche Priesterin so gesprochen
hatte, schwang sie sich auf den Rücken des Einhorns
und ritt auf ihm davon, die Krone der Schöpfung in der
Hand haltend; sie begab sich in ihren Tempel im Erdinneren, wo sie mit ihren Schwestern die heilige Flamme
des Lebens hütete. Der Geist des Eichbaums sprach:
„Hiermit erkläre ich den Allgemeinen Baum-Thing, die
Ratsversammlung der Bäume und Geister des Waldes,
für beendet. Friede sei mit Euch!"

Anmerkungen und Zitate

[1] Zt. aus: Deutsche Gedichte aus acht Jahrhunderten, zusammengest. v. Ingeborg Zengerer, Klagenfurt 1986, S. 173.

[2] Ovid Metamorphosen, in der Übertragung von Johann Heinrich Voss, Frankfurt / M. 1990 [it 1237], S. 243.

[3] J. R. R. Tolkien, Der Herr der Ringe, Bd. II: Die zwei Türme, Stuttgart 1984, S. 100.

[4] Zt. nach Jean Markale, Die Druiden. Gesellschaft und Götter der Kelten, München 1990, S. 141.

[5] Ebenda, S. 141.

[6] Robert von Ranke-Graves, Die Weiße Göttin. Sprache des Mythos, Reinbeck bei Hamburg 1990, S. 51/52.

[7] Zt. nach Grete Schaeder, Martin Buber, Göttingen 1966, S. 83.

[8] Jacques Brosse, Mythologie der Bäume, Olten 1990, S. 9.

[9] Vgl. Aurelio Peccei, Die Zukunft in unserer Hand. Analyse und Reflexion, München 1982, S. 99.

[10] R. von Ranke-Graves, Die Weiße Göttin, S. 12.

[11] Die Homerischen Götterhymnen, deutsch von Thassilo von Scheffer, Leipzig 1974, S. 103/104.

[12] Ovid Metamorphosen, übers. v. Gerhard Fink, Zürich-München 1989, S. 205.

[13] Ovid Metamorphosen, übers. v. Heinrich Voss, Frankfurt 1990, S. 213.

[14] Ebenda, S. 214.

[15] Gaius Julius Cäsar, Bellum Gallicum, Buch VI, Kap. 25.

[16] Tacitus, De Germania, Kap. V.

[17] Carl W. Neumann, Das Buch vom deutschen Wald, Leipzig 1935, S. 101.

[18] Britta Verhagen, Götter, Kulte und Bräuche der Nordgermanen, Tübingen 1983, S. 31.

[19] Die Edda. Götterdichtung, Spruchweisheit und Heldengesänge der Germanen, übers. v. Felix Genzmer, 4. Aufl. Köln 1983, S. 28.

[20] Bhagavad Gita. Das Hohe Lied der Tat. Bearbeitet und erläutert von K. O. Schmidt, München 1968, S. 96.

[21] Holger Kallweit, Traumzeit und innerer Raum. Die Welt der Schamanen, München 1984, S. 213/216.

[22] Math, Sohn des Mathonwy. Der vierte Zweig des Mabinogion. In: Frederik Hetman (Hg.), Märchen aus Wales, Düsseldorf / Köln 1982, S. 72.

[23] Thassilo von Scheffer, Hellenische Mysterien und Orakel, Stuttgart 1940, S. 116.

[24] Zt. nach Th. v. Scheffer, ebenda, S. 120.

[25] Siehe hierzu: Volkert Haas, Magie und Mythen der Hethiter, Hamburg o. J., S. 150.

[26] Deutsche Gedichte aus acht Jahrhunderten, S. 181.

[27] Tacitus, De Germania, übertragen und erläutert von Arno Mauersperger, Wiesbaden o. J., S. 43.

[28] Jean Markale, Die Druiden, München o. J., S. 134.

[29] Zt. nach Francoise Le Roux / Christian Guyonvar'ch, Die Druiden, Engerda 1996, S. 22-23.

[30] Zt. nach Miranda J. Green, Keltische Mythen, Stuttgart 194, S. 126.

[31] Zt. nach Ross Nichols, Das magische Wissen der Druiden, München 1998, S. 426.

[32] Zt. nach Heinrich Marzell, Zauberpflanzen und Hexentränke, Stuttgart 1963, S. 24/25.

[33] Zt. nach Francoise Le Roux / Christian Guyonvar'ch, Die Druiden, S. 196.

[34] Heinrich Zimmer, Abenteuer und Fahrten der Seele, Zürich / Stuttgart 1961, S. 38.

[35] Lancelot und Ginevra. Ein Liebesroman am Artushof, Zürich 1961, S. 45.

[36] Ebenda, S. 52.

[37] Das Buch Merlin, hg. v. Manfred Kluge, München 1988, S. 253/54.

[38] Ebenda, S. 200.

[39] Ovid, Metamorphosen, S. 336.

[40] Zt. aus: Das Buch Merlin, S. 202 ff.

[41] Sir Thomas Mallory, Die Geschichte von König Artus und den Rittern der Tafelrunde, übertragen von Helmut Findeisen, Band 1, München 1977 [it 239], S. 127/28.

[42] Zt. nach Wolfgang Golther, Handbuch der germanischen Mythologie (1906), Neudr. Stuttgart o. J., S. 690.

[43] Ebenda.

[44] Brüder Grimm, Kinder- und Hausmärchen, 14. Aufl. München 1991, S. 270.

[45] Britta Verhagen, Götter, Kulte und Bräuche der Nordgermanen, Tübingen 1983, S. 77.

[46] Ebenda, S. 84/85.

[47] Die Edda, Übersetzung von Felix Genzmer, S. 164.

[48] Ebenda, S. 28.

[49] Ebenda, S. 41.

[50] Ebenda, S. 47.

[51] Ebenda, S. 31.

[52] Zt. nach W. Hauer, Urkunden und Gestalten der Germanisch-Deutschen Glaubensgeschichte, Stuttgart 1940, S. 344.

[53] Tacitus, De Germania, Cap. 39.

[54] In: Helmut Brackert, Das große deutsche Märchenbuch, Königstein / Ts. 1979, S. 314-315.

[55] Zt. nach J. Frazer, Der Goldene Zweig, Reinbeck 1989, S. 176.

[56] Ebenda.

[57] Ebenda, S. 179.

[58] Ebenda, S. 180.

[59] Johann Karl August Musäus, Volksmärchen der Deutschen, 1. Aufl. Frankfurt 1988, S. 539-40.

[60] Ebenda, S. 540.

[61] Ebenda.

[62] Ebenda, S. 545.

[63] Zdeněk Váňa, Mythologie und Götterwelt der slawischen Völker, Stuttgart 1992, S. 140.

[64] Zt. nach Georg Langer, Die Erotik der Kabbala. München 1989, S. 138-39.

[65] Zt. nach Frederik Hetmann, Die Göttin der Morgenröte. Schöpfungsmythen aus aller Welt, Frankfurt 1986, S. 17.

[66] Ebenda, S. 33.

[67] Erich Neumann, Die Große Mutter, 9. Aufl. Olten 1989, S. 230-31.

[68] Das Gilgamesch-Epos, übertragen von Hartmut Schmökel, 6. Aufl. Stuttgart 1985, S. 59-60.

[69] G. Scholem, Das Buch Bahir, Leipzig 1923, S. 17.

[70] B. Verhagen, a.a.O., S. 33.

[71] Zt. nach Frederik Hetmann, Baum und Zauber, München 1988, S. 60.

[72] Erich Bischof, Die Elemente der Kabbala, Wiesbaden 1990, S. 41.

[73] Ebenda, S. 86.

[74] Der Sohar. Das heilige Buch der Kabbala, übertr. von Ernst Müller, Köln / Düsseldorf 1982,S. 67.

[75] Johann Eckermann, Gespräche mit Goethe, Frankfurt 1981, Zweiter Band, S. 718.

[76] Der Tanz der Gefiederten Schlange. Märchen der Navaho-, Hopi- und Pueblo-Indianer, hg. v. Hetmann, Frankfurt 1985, S. 12.

[77] Weißt du, dass die Bäume reden? Weisheit der Indianer, Freiburg / Basel / Wien 1993, S. 20.

[78] Ebenda, S. 11.

[79] Helga Frank / Waltraut Wagner, Gaianerekowa. Das Große Friedensgesetz des Langhaus-Volkes (Irokesenbund), Saarbrücken 1988, S. 87.

[80] James Frazer, Der Goldene Zweig, S. 169.

[81] Hans Läng, Kulturgeschichte der Indianer Nordamerikas, Göttingen 1989, S. 99.

[82] Weißt Du, dass die Bäume reden? S. 12.

[83] Hans Nikolai (Hg.), Goethes Gedichte in zeitlicher Reihenfolge, Frankfurt 1982, S. 258.

[84] Orpheus. Altgriechische Mysterien, übertragen von O. Plassmann, Köln 1982, S. 90.

[85] Hesiod, Sämtliche Werke, deutsch von Thassilo von Scheffer, Wien 1935, S. 38.

[86] Thomas C. Crocker, Irische Elfenmärchen, übertragen von den Brüdern Grimm, Berlin 1989, S. 5.

[87] Ebenda, S. 13.

[88] Sigrid Lechner-Knecht, Die Hüter der Elemente, Berlin 1989, S. 112.

[89] Zt. nach Sergius Golowin, Paracelsus im Märchenland, Basel 1980, S. 37.

[90] Flower Newhouse, Engel und Devas, Grafing 1990, S. 93.

[91] Ebenda.

[92] Ralph Waldo Emerson, Spanne deinen Wagen an die Sterne, Freiburg 1980, S. 122.

Literaturverzeichnis

Bernatzki, A.: Baum und Mensch, Frankfurt 1976.

Bötticher, C.: Der Baumkult der Hellenen, Berlin 1856.

Brosse, Jaques: Mythologie der Bäume, Olten 1990.

Der Heilige Baum. Ein indianisches Weisheitsbuch, Freiburg / Olten 1990.

Ebner, A: Bäume sind zu Gott die Stufen, Wolfratshausen 1966.

Eggmann, Verena: Baumzeit. Magier, Mythen und Mirakel. Neue Einsichten in Europas Baum- und Waldgeschichte, Zürich 1995.

Ehmer, Manfred: Lebensbaum, Weltenbaum, All-Baum. Der Baum als Ursymbol. In: Baum-Zeitung, Juni 1988, S. 58 – 60.

Ehmer, Manfred: Der Weltenbaum Yggdrasil. Lebensbaum, Weltachse und Stützpfeiler des Universums. In: Essentia, Nr. 35, Febr.-März 1989, S. 12 – 16.

Ehmer, Manfred: Heilige Bäume. In: Pen Tuisko, Folge 44 / Jahresbd. 2000, S. 18-28.

Ehmer, Manfred: Die Versammlung der Bäume. In: Oraculum, Ausg. 1/00, S. 10-11.

Fischer, Susanne: Blätter von Bäumen. Legenden, Mythen und Heilanwendungen & Betrachtung von einheimischen Bäumen, Haldenwang 1980.

Flasche, R.: Wald und Baum in den Religionen. In: Fortwirtschaftliches Zentralblatt 113 / 1994, S. 5 ff.

Foster, Alan Dean: Die denkenden Wälder, München 1979.

Frazer, James G.: Der Goldene Zweig. Das Geheimnis von Glauben und Sitten der Völker, Reinbeck 1989.

Gercke, Hans (Hg.): Der Baum in Mythologie, Kunstgeschichte und Gegenwartskunst, Heidelberg 1985.

Giono, Jean: Der Mann mit den Bäumen, Zürich 1981.

Gollwitz, Gerda: Botschaft der Bäume gestern – heute – morgen? Köln 1984.

Hetmann, Frederik: Madru oder Der Große Wald. Ein Märchen. Mit einem Bilderspiel von Thomas Michalski, Köln 1984.

Hetmann, Frederik: Baum und Zauber, München 1988.

Holmberg, Uno: Der Baum des Lebens, Helsinki 1922-23.

Krenn, Elisabeth: Heilige Haine im griechischen Altertum. Ursprung, Bedeutung und Funktion, Graz 1993.

Lurker, M.: Der Baum in Glauben und Kunst. In: Studien zur deutschen Kunstgeschichte, Band 328, Baden-Baden 1976.

Mannhardt, W.: Wald- und Feldkulte. Band I: Der Baumcultus der Germanen, Band II: Antike Wald- und Feldkulte, Berlin 1875/77.

Marzell, Heinrich: Zauberpflanzen und Hexentränke. Brauchtum und Aberglaube, Stuttgart 1963.

Leßmann, Dietrich: Betrachtungen über die Baumsymbolik. In: Allgemeine Forstzeitschrift, H. 51/52, 1305 – 1310.

Mackay, Collin: Goban oder Der Gesang des Waldes, Bad Münstereifel 1987.

Mazal, Otto: Der Baum. Symbol des Lebens, Graz 1988.

Murr, J.: Die Pflanzenwelt der griechischen Mythologie, Innsbruch 1890.

Nörding-Schröter, G: Baumlandschaften, Freiburg 1987.

Ovid: Metamorphosen. In der Übertragung von Johann Heinrich Voss, Frankfurt 1990.

Ranke-Graves, R.: Die Weiße Göttin. Sprache des Mythos, Hamburg 1985.

Reinicke, Helmut: Märchenwälder – ein Abgesang, Berlin 1987.

Schoenichen, W.: Von deutschen Bäumen, Berlin 1950.

Tolkien, J. R. R.: Der Herr der Ringe, 3 Bde., Stuttgart 1984.

Ulrich, Henri: Baumgestalten, Stuttgart 1984.

Weniger, Ludwig: Altgriechischer Baumkultus, Leipzig 1919.

Woelm, Elmar: Mythologie, Bedeutung und Wesen unserer Bäume, Münster 2007.

Wohlleben, Peter: Das geheime Leben der Bäume. Was sie fühlen, wie sie kommunizieren – die Entdeckung einer verborgenen Welt, München 2015.

Ernst Zürcher: Die Bäume und das Unsichtbare: Erstaunliche Erkenntnisse aus der Forschung, Aarau 2016.

Abbildungsverzeichnis

Umschlagbild: Die „Dicke Marie" (900 Jahre alte Eiche in Berlin) Autorenfoto © Manfred Ehmer

S. 52: Ogham. Wikimedia Commons, Author: Al-qamar

S. 82: Die Esche Yggdrasil von Friedrich Wilhelm Heine. Quelle: Wikipedia Commons.

S. 94: Der Silberkessel von Gundestrup, Platte 7. Quelle: labyrinthdesigners.org

S. 104: Hathor als nährende Baumgöttin. Quelle: www.everythingselectric.com

S. 112: Adam Kadmon. Quelle: Dagobert Runes, Illustrierte Geschichte der Philosophie, Herrsching 1962, S. 27.

Über den Autor

Dr. phil. Manfred Ehmer, wissenschaftlicher Sachbuchautor, hat sich in seinen Veröffentlichungen darum bemüht, die Spuren der verschütteten Weisheit einer Ewigen Philosophie oder *philosophia perennis* in der Kulturgeschichte des Abendlandes sichtbar zu machen. Mit Werken wie DIE WEISHEIT DES WESTENS, GAIA und HEILIGE BÄUME hat sich der Autor als gründlicher Kenner der westlichen Mysterientradition erwiesen, mit DAS CORPUS HERMETICUM einen Grundtext der spirituellen Philosophie vorgelegt. Daneben stehen lyrische Nachdichtungen etwa des berühmten HYPERION von John Keats oder des vedischen HYMNUS AN DIE MUTTER ERDE. Besuchen Sie den Autor auf seiner Internetseite:

www.manfred-ehmer.net

Zeitfracht Medien GmbH
Ferdinand-Jühlke-Straße 7
99095 Erfurt, Deutschland
produktsicherheit@kolibri360.de